Sobre Psicanálise & Psicanalistas

1º Livro de Entrevistas da Revista de Psicanálise da SPPA

José Carlos Calich
Gerson Isac Berlim (orgs)

Sobre Psicanálise & Psicanalistas

1º Livro de Entrevistas da Revista de Psicanálise da SPPA

Sociedade Psicanalítica de Porto Alegre (SPPA)

Filiada à
International Psychoanalytical Association

Casa do Psicólogo®

© 2003 Casa do Psicólogo Livraria e Editora Ltda.
É proibida a reprodução total ou parcial desta publicação, para qualquer finalidade, sem autorização por escrito dos editores.

1ª Edição
2003

Editores
Ingo Bernd Güntert e Silésia Delphino Tosi

Produção Gráfica & Capa
Renata Vieira Nunes

Editoração Eletrônica
Helen Winkler

Revisão Gráfica
Adriane Schirmer

Dados Internacionais de Catalogação na Publicação (CIP)
(Câmara Brasileira do Livro, SP, Brasil)

Sobre Psicanálise & Psicanalistas: 1º livro de entrevistas da Revista de Psicanálise da SPPA / José Carlos Calich, Gerson Isac Berlim (orgs.). – São Paulo: Casa do Psicólogo®, 2003.

Na página de rosto: Sociedade Psicanalítica de Porto Alegre (SPPA), filiada à International Psychoanalytical Association.

ISBN 85-7396-264-X

1. Psicanálise 2. Psicanálise – História 3. Psicanalistas – Entrevistas 4. Sociedade Psicanalítica de Porto Alegre I. Calich, José Carlos. II. Berlim, Gerson Isac. III. Título: 1º livro de entrevistas da Revista de Psicanálise da SPPA.

03-5562	CDD- 150.195092

Índices para catálogo sistemático:
1. Psicanalistas: entrevistas   150.195092

Impresso no Brasil
Printed in Brazil

Reservados todos os direitos de publicação em língua portuguesa à

Casa do Psicólogo® Livraria e Editora Ltda.
Rua Mourato Coelho, 1059 Vila Madalena 05417-011 São Paulo/SP Brasil
Tel.: (11) 3034.3600 E-mail: casadopsicologo@casadopsicologo.com.br
site: www.casadopsicologo.com.br

Sociedade Psicanalítica de Porto Alegre

Filiada à Associação Psicanalítica Internacional desde 1963 e à Associação Brasileira de Psicanálise

Presidente
Gerson Isac Berlim

Secretário
Paulo Fernando B. Soares

Secretário Científico
Raul Hartke

Tesoureiro
Ruggero Levy

Conselheiros
Isaac Pechansky
Luiz Carlos Mabilde

Diretora do Instituto
Marlene Silveira Araujo

Secretário do Instituto
Sérgio Lewkowicz

Revista de Psicanálise da SPPA

CORPO EDITORIAL

Editor
José Carlos Calich

Editores Associados
Executivo: *Paulo Oscar Teitelbaum*
Redação: *Paulo Henrique Favalli*
Seções Especiais e Entrevistas: *Viviane S. Mondrzak*
Secretária Executiva: *Irma Angela Manassero*

Conselho Editorial
(membros da SPPA)
Anette Blaya Luz
César Luis de S. Brito
Gisha Brodacz
Lúcia Thaler
Luciane Falcão
Luisa M. R. Amaral
Magali Fischer
Matias Strassburger
Patrícia Fabrício Lago
Rose Eliane Starosta
Tula Bisol Brum

Conselho Consultivo
Carlos Gari Faria – SPPA
Carmen Médici de Steiner – APU (Uruguai)
Elias Mallet da Rocha Barros – SBPSP (São Paulo)
Elizabeth T. de Bianchedi – APdeBA (Argentina)
Joel Nogueira – SPPA
Jorge L. Ahumada – APdeBA (Argentina)

Juan Francisco Jordán Moore – APCh (Chile)
Julio Moreno – APdeBA (Argentina)
Leopold Nosek – SBPSP (São Paulo)
Maria Olympia de A.F.França – SBPSP (São Paulo)
Mauro Gus – SPPA
Ney Couto Marinho – SBPRJ (Rio de Janeiro)
Norberto C. Marucco – APA (Argentina)
Paulo Fonseca – SPPA
Plínio Montagna – SBPSP (São Paulo)
Raquel Zak de Goldstein – APA (Argentina)
Ricardo Bernardi – APU (Uruguai)
Robert Michels – ApsA (EUA)
Virgínia Ungar – APdeBA (Argentina)

Conselho de Revisores
Alírio Torres Dantas Junior – SPR (Recife)
Arnaldo Chuster – SPRJ (Rio de Janeiro)
Bruno Salésio S. Francisco – SPPel (Pelotas)
Carlos Edson Duarte – SPRJ (Rio de Janeiro)
Cláudio Laks Eizirik – SPPA
David Epelbaum Zimerman – SPPA
Flávio Rotta Corrêa – SPPA
Germano Vollmer Filho – SPPA
Isaac Pechansky – SPPA
Juarez Guedes Cruz – SPPA
Luiz Carlos Mabilde – SPPA
Marlene Silveira Araujo – SPPA
Nilde J. Parada Franch – SBPSP (São Paulo)
Paulo Fernando B. Soares – SPPA
Raul Hartke – SPPA
Roaldo Naumann Machado – SPPA
Roberto Gomes – SPPA
Roosevelt M. S. Cassorla – SBPSP (São Paulo)
Ruggero Levy – SPPA

Sumário

Apresentação 11

Cláudio Laks Eizirik 15

Elias Mallet da Rocha Barros 39

Christopher Bollas 49

Antonino Ferro 69

André Green 81

Betty Joseph 95

Jean Laplanche 107

Norberto Carlos Marucco 125

Donald Meltzer 145

Sérgio Paulo Rouanet 153

Roy Schafer 169

Daniel Widlöcher 193

Hanna Segal 209

Apresentação

A farta literatura sobre teoria e técnica psicanalítica tem sido há muito complementada com biografias de seus autores, livros sobre a história da psicanálise e também com entrevistas realizadas com seus principais pensadores e destaques institucionais. A entrevista, em geral prazerosa para os que a realizam, torna possível a abordagem de aspectos pessoais, opiniões sobre temas não habitualmente tratados nos ensaios teóricos, esclarecimentos de pontos diversos na produção do autor, bem como o questionamento de polêmicas e paradoxos em suas proposições. Incluem, ainda, visões sobre tensões produzidas entre diferentes conceituações e as opiniões livres sobre as motivações, o futuro e as tendências da psicanálise.

Dentro deste espírito, a *Revista de Psicanálise da Sociedade Psicanalítica de Porto Alegre* (SPPA), iniciada em 1993, na gestão de Luis Carlos Meneghini, tendo Mauro Gus como seu primeiro e anterior editor, fez mais de cinqüenta entrevistas com visitantes à sociedade e pensadores de destaque, ligados à psicanálise mundial.

Estão reunidas neste primeiro volume, treze dessas entrevistas, realizadas pelos diversos corpos editoriais da Revista da SPPA, algumas já publicadas na própria Revista, outras inéditas.

A escolha dos entrevistados, representantes de diferentes regiões geográficas e de importantes tendências da psicanálise, que compõem o presente volume, reflete a necessária pluralidade de nossa disciplina, que tem permitido sua evolução e aprofundamento de seus conceitos.

Ao longo das entrevistas, o leitor poderá constatar o quanto é salutar para a disciplina psicanalítica que doutrinas estabelecidas e definidas tenham leituras diferenciadas, nas quais o viés fundamentado inspira um pensar aberto e flexível.

A entrevista de abertura do livro é com Cláudio Laks Eizirik, membro efetivo e analista didata de nossa Sociedade, recentemente eleito para a Presidência da International Psychoanalytical Association para o período 2005-2007. Nessa, aborda, além de seu desenvolvimento pessoal, as questões institucionais, a questão das transformações e o futuro da psicanálise atual e sua abrangência. Trata cuidadosamente da relação da psicanálise com a Universidade vendo-a por uma perspectiva otimista. Por meio de uma observação minuciosa, contextualiza a realidade psicanalítica latino-americana, destacando seu caráter original e progressista.

A seguinte é de Elias Mallet da Rocha Barros, em que descreve sua formação analítica na Inglaterra, vinculando essa experiência com as influências francesas e americanas, que, da mesma forma, compuseram sua estruturação. A partir dessa trajetória, faz um comparativo com a formação psicanalítica no Brasil e uma acurada apreciação sobre o estudo e a produção literária psicanalítica. Encerra discutindo o estado atual da psicanálise e as perspectivas no novo século.

Ao discutir sua formação psicanalítica, Christopher Bollas estende-se sobre o tema do desenvolvimento teórico da psicanálise. Comenta o papel da "opressão cultural" e outros conceitos originais que desenvolveu. Um destaque está nas considerações que faz sobre a relação da histeria com o estado borderline. Faz uma relação da psicanálise com a Universidade e salienta o otimismo quanto ao futuro da psicanálise.

Antonino Ferro fala do desenvolvimento kleiniano, mais especificamente de Bion e Meltzer, a partir do vértice de sua trajetória pessoal em que se pode observar as ricas peculiaridades de sua formação. Comenta suas idéias a respeito do personagem e da narrativa na sessão psicanalítica. Discute a técnica e sua relação com o caráter do analista, bem como as perspectivas da psicanálise.

André Green discute a metapsicologia de Freud, sua atualidade e suas críticas, auxiliado por um olhar filosófico e por seus sólidos conhecimentos psicanalíticos. Contextualiza o desenvolvimento da psicanálise na França, dando suas impressões sobre Lacan e o movimento lacaniano. Faz uma avaliação cuidadosa acerca das demais correntes psicanalíticas aceitas na França.

Betty Joseph fala de sua formação e discorre sobre o estado atual da formação analítica na Inglaterra, comparando-o com épocas anteriores, discutindo as perspectivas para a psicanálise. Aborda o desenvolvimento kleiniano, atualizando-o, finalizando também com uma avaliação crítica.

Jean Laplanche examina com profundidade a função psicanalítica, salienta seus objetivos, discutindo-a como método terapêutico. Salienta o tema da "representação"/tradução a partir da perspectiva de sua teoria da sedução generalizada e discute pormenorizadamente suas idéias acerca do "a posteriori".

Norberto Marucco expõe com detalhes sua visão do estado atual da psicanálise na Argentina, bem como na América Latina como um todo. Situa a essência da psicanálise na análise da transferência, discutindo seu desenvolvimento, assim como o da psicoterapia psicanalítica. Traz seus pontos de vista a respeito da desmentida, do outro-inconsciente e do papel da sexualidade.

Em sua entrevista, Donald Meltzer salienta a forma como Bion vai da periferia para o interior, em seu pensamento; fala sobre a perversão do pensamento e sua vinculação ao cinismo; faz uma conexão entre seus livros *O processo psicanalítico* e *A apreensão do belo*, mostrando a relação do processo psicanalítico com o conflito estético; refere-se também à sua formação, relacionando a visão estrutural que tem da mente com o trabalho de engenheiro do seu pai, bem como sua atração pela arte e a estética em função do gosto pela escultura, pelos museus e, especialmente, pelos cavalos.

O professor Sérgio Paulo Rouanet, único não-psicanalista desse grupo de entrevistados, salienta sua relação especial com a psicanálise situando-a em seu desenvolvimento pessoal. Discorre especialmente sobre a relação do conhecimento psicanalítico e seu uso/ imersão nas questões da humanidade, aproximando-o da filosofia e principalmente das questões da razão iluminista e pós-moderna. Com desenvoltura, insere as idéias de Freud em seu contexto cultural.

Roy Schafer fala da sua formação, muito influenciada pela psicologia do ego, tendo trabalhado diretamente com seus principais teóricos. Demonstra amplo conhecimento da psicanálise, salientando-se por seu pensamento crítico. Descreve a relação existente entre os seguidores da psicologia do ego com a teoria das relações de objeto, discutindo, inclusive, de forma pontual, as idéias kleinianas. Comenta os conceitos de adaptação e de área livre de conflito, passa pela teoria das relações objetais, e, ao final, discute a formação analítica.

Daniel Widlöcher aborda a evolução da psicanálise francesa e sua relação com as idéias lacanianas, bem como seu desenvolvimento pessoal. Traz algumas curiosidades acerca do trabalho de Lacan, com quem teve relação muito próxima, assim como com Piera Aulagnier. Discute pormenorizadamente o papel da análise didática e da supervisão na formação psicanalítica e outras questões institucionais.

Hanna Segal é breve no comentário sobre o início de sua formação e sua relação com M. Klein. Expõe, com detalhes, sua preocupação contemporânea com os conceitos da identificação projetiva e do complexo de Édipo precoce, passando pelo tema da simbolização. Fala do desenvolvimento teórico de Bion, estabelecendo breve relação com Winnicott. Comenta o desenvolvimento da Sociedade Britânica e dos diferentes grupos que a compõem. Encerra falando das perspectivas futuras da psicanálise.

O conjunto dos conteúdos deste livro deverá trazer à mente do leitor a vitalidade do pensamento psicanalítico contemporâneo, salientando sua evolução e inserção na cultura.

Cabe ressaltar que este é o primeiro livro editado pela SPPA, que marca os quarenta anos de nossa Sociedade e os dez anos de existência da Revista da SPPA, originado de um trabalho conjunto que envolveu, ao longo dos anos, uma parcela representativa de seus componentes, destacando o atual Conselho Editorial da Revista da SPPA, que esteve envolvido intensamente em todas as etapas da produção deste volume.

José Carlos Calich
Editor da Revista de Psicanálise da SPPA

Gerson Isac Berlim
Presidente da SPPA

Cláudio Laks Eizirik

Cláudio Laks Eizirik nasceu em Porto Alegre, no ano de 1945. É médico, psiquiatra e doutor em medicina pela UFRGS. Realizou formação psicanalítica na Sociedade Psicanalítica de Porto Alegre, na qual se tornou analista didata, além de ex-presidente e diretor do Instituto. É professor adjunto do Departamento de Psiquiatria e Medicina Legal da UFRGS, sendo coordenador de seu Programa de Pós-graduação em Ciências Médicas na área de psiquiatria. É ex-diretor da Faculdade de Medicina da UFRGS e ex-presidente da FEPAL (Federação Psicanalítica da América Latina). Escreveu e publicou inúmeros artigos relativos à técnica psicanalítica, à formação e identidade analíticas e à psicanálise e cultura, dentre os quais destacamos: "Da escuta à interpretação: um estudo evolutivo da neutralidade analítica", "Masculinidade, feminilidade e relação analítica: aspectos contratransferenciais", "Questões atuais da formação analítica", "O instituto como setting da formação analítica", "O manejo da transferência e da contratransferência na supervisão analítica", "Psicanálise e cultura: desafios contemporâneos" e "A psicologia das massas de Freud, psicanálise e cultura". Foi organizador, com outros colegas, dos livros *Psicoterapia de Orientação Analítica – teoria e prática* e *O Ciclo da Vida Humana – uma perspectiva psicodinâmica*. Exerce, atualmente, a função de vice-presidente da International Psychoanalytic Association (IPA) e é membro da Seção de Educação, do Conselho Editorial Latino-americano e do Corpo de Guardiões do International Journal of Psychoanalysis. Em maio de 2003, foi eleito Presidente da IPA, sendo o primeiro brasileiro a ocupar este cargo.

Em 13/11/2000 concedeu a seguinte entrevista aos drs. Anette Blaya Luz, Carmem Keidann, César Luís de Souza Brito, José Carlos Calich, Jussara S. Dal Zot, Luisa Rizzo Amaral, Patrícia Fabrício Lago, Paulo Henrique Favalli, Paulo Oscar Teitelbaum, Paulo Seganfredo, Viviane Sprinz Mondrzak.

RP – Nossa Revista tem feito inúmeras entrevistas com psicanalistas ilustres que estiveram nos visitando nos últimos anos. É um projeto antigo entrevistar colegas ilustres também de nossa Sociedade. Assim, estamos aqui hoje para dar início a esse projeto. Gostaríamos de ouvi-lo, inicialmente, sobre sua formação, análise, supervisores e principais influências dentro e fora da psicanálise.

CLE – Bem, inicialmente eu gostaria de agradecer ao convite da Revista e fazer uma pequena correção. Não me considero colega ilustre da nossa Sociedade. Creio que há muitos outros colegas realmente ilustres. Mas, de qualquer maneira, me sinto muito honrado por esta oportunidade de estar dando início a esta prática estimulante que é conhecer o que pensam e o que fazem vários colegas mais experientes.

Com respeito à minha formação, ela foi toda feita aqui nesta Sociedade. Sou um porto-alegrense nato e hereditário, como diria Nelson Rodrigues, porque toda minha formação, estudo primário, segundo grau, faculdade, foram todos feitos aqui. Estudei no Colégio Estadual Júlio de Castilhos, no Colégio Israelita Brasileiro e, antes, no Grupo Escolar Apeles Porto Alegre, no Partenon, onde eu morava. Depois fiz a Faculdade de Medicina na Universidade Federal do Rio Grande do Sul, fiz residência médica e curso de especialização no Centro Psiquiátrico Melanie Klein e, durante alguns anos, trabalhei essencialmente com psiquiatria e psicoterapia. Aliás, o curso de medicina fiz com o Dr. Paulo Henrique Favalli, que está aqui presente.

Depois de alguns anos trabalhando como psiquiatra, decidi fazer a formação analítica. Comecei a análise didática em 1973 com o Dr. Mário Martins. Antes eu tinha feito muitos anos de psicoterapia analítica de grupo com o Dr. Fernando Guedes; era uma prática psicoterápica que os jovens acadêmicos faziam. Não havia, ainda, praticamente, as psicoterapias individuais, somente duas possibilidades: análise ou psicoterapia de grupo. Então me analisei com o Dr. Mário, depois com o Dr. Sérgio Annes. Estes foram os meus analistas. As supervisões oficiais foram feitas com José Maria Santiago Wagner e com Roberto Pinto Ribeiro. Mais tarde fiz uma nova supervisão com o Wagner e procurei, ao longo do tempo, fazer várias supervisões com pessoas que vinham nos visitar: Janine Chasseguet-Smirgel, Max Hernández, Otto Kernberg, Ruth Malcolm, Fred Pine, Glen Gabbard, enfim, pessoas com quem eu podia discutir casos aqui e fora daqui.

Há uma coisa que acho importante dizer, nesta pergunta que se refere às principais influências. Além de meus analistas e de meus supervisores, que constituíram as principais influências e as quais me sinto muito agradecido, houve muitas pessoas que influenciaram na minha maneira de pensar psicanaliticamente.

Alguns professores foram particularmente marcantes na psicanálise e na psiquiatria: David Zimmermann, Isaac Pechansky, Germano Vollmer, Romualdo Romanowski, Cyro Martins, Luiz Carlos Meneghini, Paulo Guedes (embora tenha morrido muito cedo). Quanto às influências teóricas, naquela época era imprimida uma orientação freudiano-kleiniana, o que depois constatamos num estudo retrospectivo sobre a evolução da técnica na SPPA. Depois entraram as contribuições de Bion.

Então, entre as influências, à medida que os anos passam, eu diria que o autor que mais me influencia é Freud. Essencialmente, se tivesse que citar um autor, seria Freud. O segundo seria Melanie Klein. Creio que é uma autora atualmente um pouco injustiçada face ao desenvolvimento posterior, mas eu particularmente tenho grande sintonia com ela. E, depois, vários autores pós-kleinianos que continuo lendo e que me ajudam muito no trabalho clínico, dos quais a que mais me provoca ressonância é Betty Joseph. Há Steiner, Spillius, Hanna Segal, mas Betty Joseph é com quem mais simpatizo, talvez também pelo modo como a conheci pessoalmente e que gerou uma relação que se mantém. Alguns anos atrás fiz uma visita de trabalho a Londres, dentro de um programa de intercâmbio promovido pelo British Council. Nele incluí esta visita a Betty Joseph.

Passamos uma tarde inteira conversando sobre tudo o que me ocorria, e ela ficou perplexa de como um estranho de Porto Alegre, de quem nada sabia, surgira lá, no meio do programa. Isto foi em oitenta e poucos e talvez tenha sido essa uma das primeiras vezes em que ela ouvia falar da nossa Sociedade. Apresentei e discuti casos. Ela também me contou experiências, aspectos de sua história profissional, enfim foi uma longa tarde inesquecível.

Outras influências mais recentes são André Green e alguns franceses como Janine Chasseguet-Smirgel, mas não me sinto filiado a nenhuma escola particularmente. Creio que cada um de nós, com o tempo, vai desenvolvendo a sua versão de psicanálise. Gosto de muitos norte-americanos, evidentemente que um deles, por razões pessoais e afinidades, é o Kernberg. Mas também de Wallerstein, Theodore Jacobs, Glen Gabbard, Roy Schafer. E há uma série de latino-americanos que talvez sejam insuficientemente estudados e que trouxeram toda a noção de campo analítico a partir dos Baranger, assim como Racker, Liberman, e atualmente Marucco e Ahumada. Um autor que me estimula e que gosto muito de ler é Antonino Ferro.

RP – Que tipo de influências, pessoais e culturais inspiraram seu pensamento psicanalítico?

CLE – Vários autores da literatura e da poesia têm-me influenciado ao longo do tempo. É uma outra forma de tentar entender o drama da existência humana, partindo de diferentes vértices de observação. Creio que, destes autores, um que me influenciou e continua influenciando continuamente na minha prática analítica é Carlos Drummond de Andrade. É influência direta. Eu tive até a oportunidade de mandar uma carta para ele dizendo isto, e ele me respondeu. Ainda tenho esta carta como uma relíquia, em que ele agradecia dizendo que, às vezes, tinha dúvidas sobre o valor humano de sua obra e que, quando recebia cartas como esta, se sentia justificado.

Existem alguns autores que leio com mais freqüência, se alternam, mas, em geral, procuro ler toda a sua obra. Por exemplo, um com quem tenho grande sintonia é Isaac Baschevis Singer, que recebeu o Prêmio Nobel de Literatura, escreveu em ídiche, depois foi traduzido para o inglês e o português. Outro, recente, é um americano, também dentro desta tradição judaico-americana, Philip Roth, um fantástico escritor. Também segui durante muito tempo o trabalho de Jorge Semprún, um espanhol que vivia na França, exilado, depois voltou à Espanha e tem toda uma história. Entre os latino-americanos, o que mais me atrai é o Jorge Luis Borges, mas também Vargas Llosa e Garcia Márquez.

Influências políticas foram várias. Vivi a época da ditadura militar. Tive algumas participações, não tanto quanto gostaria. Então penso em escritores brasileiros que foram marcantes: Érico Veríssimo, Jorge Amado, Manuel Bandeira. Mas, de tempos em tempos, é indispensável um retorno aos textos do mestre maior, Machado de Assis. Shakespeare, evidentemente, é um autor que cada vez mais leio e consigo entender. E há toda uma outra via de influência que é de outras expressões culturais, como teatro, música, cinema. Nesta, em particular, há nomes constantes como Bergman, Fellini e Woody Allen, atualmente.

RP – E a cultura judaica?

CLE – A cultura judaica e sua extraordinária riqueza de tradições, histórias e experiências ao longo de séculos é algo que prezo muito a partir do convívio com meus pais e com meus avós. Ao mesmo tempo, não nutro qualquer simpatia pelas expressões de fundamentalismo religioso, desta ou de outras culturas. Talvez aqui seja interessante esta questão: eu me sinto à vontade nas fronteiras. Vivemos num Estado de fronteira, essa dupla condição de cidadão brasileiro e de descendente de judeus é uma situação fronteiriça. Uma outra fronteira em que eu me movimento, nem sempre com muita facilidade, é a que está entre a psicanálise e a psiquiatria. Também percebo cada vez mais complicada a fronteira entre a psicanálise e a cultura em que tenho me movimentado. Penso que devemos ampliar essa interface.

Sinto-me à vontade transitando entre mundos diferentes. Por isso não sou um analista *fulltime*. Sinto necessidade de transitar pela Universidade, de estar em contato com uma série de outros ramos do conhecimento. A questão da alteridade é um tema desafiador, e cada vez mais percebo como podemos nos enredar com visões ou versões simplórias ou maniqueístas de pessoas, idéias ou grupos humanos.

Isto me produz o desejo de aprender mais, por exemplo, sobre filosofia, e de continuar palmilhando esse fantástico mundo da literatura.

Uma coisa de que gosto muito e que tenho lido é história, não só a internacional e a nossa, mas, em particular, a da psicanálise e das idéias psicanalíticas. Gosto muito de viagens, infelizmente elas estão sendo menos divertidas nos últimos tempos, mas de qualquer maneira sempre dá para ampliar os horizontes.

RP – Um assunto palpitante hoje é como será a sobrevivência da psicanálise como método e como ciência neste novo milênio e que alterações, se é que haverá alguma, o método psicanalítico poderá sofrer ou já sofreu para poder se adequar às exigências da vida moderna.

CLE – Bem, se a psicanálise é ou não uma ciência, é uma discussão bastante complexa. Existem aquelas três posições clássicas, que é uma ciência natural, uma disciplina hermenêutica ou uma ciência específica com objetivos e métodos próprios como propõe Klimovsky. Eu não tenho nenhuma dúvida de que a psicanálise sobreviverá como método e como ciência ou como disciplina. Estou absolutamente tranqüilo quanto a isso. Agora, o problema é como será esta psicanálise. E a outra questão que temos de enfrentar é quem fala sobre a psicanálise.

Quando fiz aquele trabalho sobre psicanálise e cultura, me ocupei, durante seis meses, de ler os suplementos literários de um jornal gaúcho e de um jornal paulista. Constatei que muito pouco do que se fala sobre psicanálise vem de pessoas ligadas à IPA e fiquei assim com um viés de que todos os dias que folheio o único jornal que temos aqui, infelizmente, pelo menos o mais dominante, sempre há duas ou três notinhas a respeito de psicanálise e nunca é nossa.

Seja como for, creio que ela vai sobreviver, mas vai depender muito do que nós fizermos. Se formos mais ativos e mais combativos, sobreviverá melhor. Se ficarmos esperando o bonde passar, seremos os últimos passageiros. Entre as modificações a fazer, porém, há uma inaceitável: diminuir a duração das sessões.

Tenho viajado e apresentado trabalhos em muitos cenários diferentes. Este ano mesmo estive em muitas cidades, em encontros e congressos. O que me chama a atenção é que a psicanálise, como é praticada aqui, não é o que predomina. Quatro sessões por semana, longos anos, etc., é um evento relativamente incomum.

Há, neste momento, uma proposta formal à IPA, dos presidentes latino-americanos de Sociedades, para que ela autorize que se possa ter, na formação, pelo menos dois modelos, o anglo-saxão ou de Eitingon e o francês. Vejo, então, que o que se chama de psicanálise hoje, em muitos lugares, é um tratamento feito por um analista, seja com uma, duas, três, quatro ou cinco sessões por semana. Acho isso uma questão problemática e a minha visão continua sendo que nós precisamos ter uma alta freqüência de sessões, idealmente três ou quatro.

Que outras modificações, então? Encurtar as análises? Não percebo que vantagens nós teríamos. Podemos diferenciar psicanálise de psicoterapia? Particularmente continuo diferenciando, mas sei que há toda uma discussão a respeito. Em um congresso recente, em julho, sobre história da psicanálise, eu estava apresentando um trabalho sobre a história da psicanálise no nosso Estado, e algumas pessoas disseram que esta diferenciação não existe mais, que tudo que um analista faz é psicanálise.

Então, em termos de modificações, creio que deveríamos tentar, dentro do possível, preservar o método psicanalítico e nos esforçar muito para preservar a alta freqüência de sessões. Não vejo bem como podemos ajudar os pacientes a realizarem mudanças estruturais ou mudanças nas relações internas de objeto, ou mudança psíquica com tratamentos curtos, sem que se possa estabelecer uma intensa relação transferencial, em que possa haver uma longa e significativa revisão histórica do desenvolvimento. Sintetizando, há mudanças. Estas mudanças são inevitáveis talvez, mas eu penso que devemos tentar criar as condições para que se preserve ao máximo possível o método psicanalítico como tem sido praticado até agora. Não sei se vamos consegui-lo. Esta é a minha proposta.

RP – Ainda dentro desta questão das mudanças, crês que mudaram os pacientes? Mudou superficialmente a apresentação dos casos clínicos, ou há uma mudança profunda nisto que está forçando uma alteração da técnica?

CLE – Mudaram os pacientes, ou nós estamos atendendo pacientes mais graves. Estamos atendendo patologias borderlines, narcísicas, perversões. Não há analista que não tenha casos graves em seus consultórios. Há um interessante trabalho de Gaddini sobre a mudança dos pacientes analíticos. Creio que estamos face a uma série de mudanças na cultura, que afetam não só a apresentação dos casos clínicos como também os valores, as expectativas, os ideais, e nós, paralelamente, estamos também vivendo uma mudança de nossa aproximação do fato clínico e do que entendemos, hoje, que sejam os alcances e as limitações da psicanálise.

RP – Mas e os casos clínicos que Freud dizia que eram neuroses?

CLE – Durante muitos anos e mesmo aqui na nossa história, atendemos transtornos de personalidades mais saudáveis ou mais neuróticas, mais próximas do chamado caráter neurótico. Apresentei um caso de uma personalidade obsessiva em um seminário de técnica. Os candidatos ficaram surpresos e disseram: "Mas como, isto ainda existe?".

Era um caso de uma paciente obsessiva clássica, que está em análise e indo muito bem. Creio, então, que houve estas modificações: estamos atendendo pacientes mais graves, há toda uma situação de uma grande oferta de tratamentos que também complica as indicações, há também uma certa crise socioeconômica afetando a psicanálise que talvez nos torne menos exigentes, menos discriminatórios na seleção de pacientes na indicação da psicanálise. Quanto aos casos de Freud, em geral, eram mais graves do que ele diagnosticava inicialmente, o que ficou evidenciado pela história clínica posterior de vários deles, como Dora e o Homem dos Lobos.

RP – As pessoas não estariam mais doentes hoje do que antigamente?

CLE -- Não. Creio que as pessoas mais doentes nos procuram, e nós também nos dispomos a atendê-las. Por exemplo, quando Freud se referia à idade dos pacientes, ele dizia uma coisa que hoje provocaria estranheza, que ao redor dos quarenta ou cinqüenta anos os processos psíquicos já não teriam flexibilidade. Hoje não há quem não tenha pacientes em psicoterapia e análise de cinqüenta anos ou mais. Hoje se vive mais. E ele, curiosamente, quando disse isto, estava num surto fantástico de criatividade.

Então atendemos pessoas mais velhas, pessoas mais doentes e enfrentamos situações mais graves no consultório. Penso que nós estamos também mais aparelhados teórica e tecnicamente para adentrar, com os pacientes, nos recantos mais psicóticos de suas personalidades e tentar ajudá-los sem nos horrorizar tanto com o horror do sofrimento psíquico.

RP – Enfocando essa questão de novas patologias, dos pacientes buscando curas mais rápidas e menos trabalhosas, sabemos ser este um assunto que estudaste, sobre o qual fizeste um trabalho. Como vês, então, a questão da neutralidade neste tipo de paciente que seria tão avesso às frustrações que o método psicanalítico impõe?

CLE – Primeiro, esta questão da pós-modernidade teria de ser muito cautelosamente considerada, porque podemos implantar, na mesma pós-modernidade, modernidade, feudalismo, estados sociais e econômicos terríveis. A pós-modernidade descreve alguns aspectos de um tipo de população urbana sofisticada dos grandes centros. Acho interessantes estas idéias. Agora, o paciente pós-moderno e estas patologias atuais podem ser considerados defesas contra o *insight* ou defesas contra o contato com o mundo interno. Não acho que sejam inacessíveis e também não compartilho muito de uma certa preocupação com esta noção de pós-modernidade. Há alguns analistas que a criticam ativamente. Creio que a pós-modernidade descreve uma realidade atual. Assim como a modernidade foi a época de Freud, a pós-modernidade está mais de acordo com a nossa época. Talvez a nossa dificuldade seja manter a tensão dialética entre modernidade e pós-modernidade.

A neutralidade é um conceito extremamente complicado, estudei-o em 1973 e retornei a ele. Escrevi agora um trabalho que vou apresentar em dezembro, no Fall Meeting da Associação Americana em que retornei aos escritos de, por exemplo, Owen Renik, que fala sobre os perigos da neutralidade e diz que é um conceito obsoleto, ridículo e ultrapassado. Mas também há toda a questão do campo analítico, que, teoricamente falando, seria contra a noção de neutralidade ou até de transferência ou contratransferência.

Continuo, possivelmente de forma antiquada, utilizando o conceito de neutralidade em uma proposta que fiz naquele trabalho, que é de uma possível neutralidade dentro de certos critérios flexíveis, uma posição a partir da qual o analista observa o paciente tentando manter uma certa distância.

Por que eu acho importante uma certa neutralidade? Porque aqui está a questão da objetividade e da subjetividade. Não sou tão entusiasmado com a intersubjetividade. Penso que é um progresso, que permite desenvolvimentos, que cada vez mais enfocamos o campo analítico, a inter-relação paciente/analista, mas não poderemos pensar em termos de estruturas, de indicações, de objetivos, de mudanças terapêuticas, se não avaliarmos, se não mantivermos uma certa neutralidade. Sem isto podemos perder a assimetria, podemos perder o distanciamento crítico necessário. Creio, pois, que o conceito de neutralidade continua sendo útil para nos manter a uma certa distância deste fascinante homem pós-moderno, com suas grifes e com suas grandes e "maravilhosas" aquisições.

Um filme aparentemente singelo chamado *Duas Vidas*, atualmente nos cinemas, com o ator Bruce Willis, é um exemplo muito claro do homem pós-moderno. Um homem que é um sucesso, na aparência, também é fantástico, e que de repente se defronta com a realidade empobrecida da sua vida afetiva e tem de entrar em contato com a infância novamente para poder recuperar alguma coisa. Quer dizer, esta é a análise. Sem a análise não vejo como um homem pós-moderno ou uma mulher pós-moderna poderá fazer algum tipo de encontro com a sua humanidade, com a subjetividade, com a infância. Então, o que penso sobre a neutralidade é que é um conceito útil como uma ferramenta. Não que os analistas sejam frios como cirurgiões ou como um espelho. Também não concordo com a idéia de que Freud foi infeliz. Creio que Freud estava usando metáforas. Num recente trabalho que escrevi para a *Revista Brasileira*, procurei mostrar que, como analista, ele era absolutamente subjetivo, era absolutamente cheio de emoções e tinha uma extraordinária empatia com os pacientes, até quando se irritava, mas reagia.

RP – Qual a relação da psicanálise com a Universidade, em seu entender?

CLE – Sempre existem aquelas histórias de que a batalha final entre o bem e o mal será travada entre tal e tal. Alguns, então, dizem que a psicanálise vai sobreviver ou morrer com a pesquisa empírica. Outros dizem que ela vai sobreviver ou morrer na Universidade. Não sou tão catastrófico, mas creio que a Universidade, na qual atuo há muitos anos, é um território onde perdemos muito espaço. Penso que a psicanálise pode se desenvolver em contato com a Universidade, à medida que ela também consiga se apossar mais da linguagem universitária. E ela vai ter de falar nos seus métodos de ensino, estimular seus candidatos a fazerem pós-graduação e a se tornarem professores das Universidades. Creio que isso é uma coisa importante, a presença de analistas na Universidade. Para que uma disciplina, ou um saber, se desenvolva, é preciso manter o diálogo com outras disciplinas ou saberes. A Universidade é um cenário com um rigor próprio, que nos estimula e nos desafia a justificar nossas premissas, formular com clareza nosso método e evidenciar nossos resultados. Neste sentido é um convívio que nos ajuda a crescer.

A psicanálise está presente em muitos setores por meio de outros grupos psicanalíticos muito diligentes não filiados à IPA. Penso que perdemos um grande espaço no Brasil e em todas as partes do mundo, mas há um movimento ativo para recuperá-lo. A própria IPA está extremamente alerta, procurando fazê-lo por intermédio de seu Comitê de Psicanálise e Sociedade (CPS), que tem promovido encontros e estimulado ações nesse sentido. A ABP vem se ocupando do mesmo. Mas talvez as sociedades psicanalíticas ainda não tenham se dado suficientemente conta do quanto é relevante recuperar este espaço.

RP – *Por que perdemos tanto espaço nestes centros universitários, internacionalmente falando? Na sua opinião, o que aconteceu no meio do caminho?*

CLE – Aconteceu uma coisa simples: era muito mais atraente e muito mais rentável economicamente ficar nos consultórios. Havia uma grande quantidade de pacientes. Trabalhos nas Universidades não rendiam quase nada. Era incômodo. Isto é um aspecto. O outro aspecto creio que foi um erro histórico de muitos analistas e muitos líderes da psicanálise, que tinham uma visão de que estar em contato com a Universidade diluía ou tornava a psicanálise "aguada". Estar em contato com a cultura, com a política, com o meio tornava a identidade analítica aguada.

Lembro de ter ouvido uma recomendação de que o importante era constituir uma espécie de Universidade dentro da Sociedade Psicanalítica. Então constituímos as nossas pequenas universidades, que foram os nossos institutos. Só que não são universidades. Somos professores, temos uma carreira, ficamos didatas, temos alunos, etc., e fazemos trabalhos. Creio que isto é o nosso mundo. E é importante mantê-lo. Mas precisamos, também, utilizar os recursos da Universidade. Então são estas duas razões. Quando nos demos conta, vários de nossos grandes analistas tinham saído.

Ao mesmo tempo, outras técnicas desenvolveram-se dentro da psiquiatria e na Universidade. Houve um grande desenvolvimento das psicoterapias cognitivas, das neurociências, da psicofarmacologia. Só que penso que podemos dialogar tranqüilamente com as neurociências. Nesse sentido, foi criado, há dois ou três meses em Londres, um instituto de psicanálise e neurociências. Assim, com essa retirada parcial, por um lado, e com o surgimento de outras abordagens, por outro, perdeu-se um espaço precioso, que estamos tratando de retomar.

RP – Mas existe também uma idéia, em alguns locais, de que, para sobreviver, a psicanálise deveria estar não somente próxima da Universidade, como deveria passar a se desenvolver dentro do ambiente universitário. Achas compatível a formação psicanalítica com o ambiente universitário?

CLE – Existe nos Estados Unidos, por exemplo, na Columbia e na Cornell, um instituto de psicanálise dentro das Universidades, onde Kernberg e todo o seu grupo de colegas trabalham. O problema é que teria de ser um instituto, e lá é assim, com independência para ter seus próprios critérios. Como é que nós podemos exigir de alunos universitários que façam uma análise didática e supervisões? Teria de haver esta flexibilidade. Não me parece, pois, incompatível, só uma questão de aproximação.

Um movimento importante está acontecendo na Argentina, no Uruguai, no Chile e, de certa forma, no Brasil, que é a tentativa de transformarmos as formações analíticas em mestrados e doutorados. A formação aqui, por exemplo, se examinarmos a duração, os trabalhos, as supervisões, etc., tem muito mais horas/aula ou horas/trabalho que um mestrado ou doutorado. Então, esta é uma outra linha. Estamos trabalhando, de alguma maneira, no Comitê de Psicanálise e Sociedade da IPA, no qual há muitos colegas latino-americanos, neste sentido de procurar a acreditação e a certificação de analistas reconhecidos pelo Ministério da Educação e pelo Ministério da Saúde. Seria uma alternativa se tivéssemos um título universitário que nos permitisse ingressar como professores nas Universidades, porque essas, agora, só estão aceitando doutores.

RP – E a questão da regulamentação da profissão no Brasil?

CLE – A regulamentação da profissão está sendo cuidada com muita eficiência pela ABP. Tem havido reuniões com grupos não filiados à IPA para tentar encontrar uma base comum. É muito difícil, mas a regulamentação da profissão é imprescindível, porque precisaremos ter alguma forma de inserção no sistema de saúde. Em outros países, por exemplo, os governos ou as seguradoras pagam as análises, as pessoas têm de estar credenciadas. E isto, então, é todo um processo de organização que inclui o Conselho Federal de Medicina e o Conselho Federal de Psicologia. Existem instituições espúrias que oferecem formações sumárias e enganosas e que tentam, de uma maneira totalmente arbitrária, se credenciar. Quer dizer, é uma outra área em de temos de estar muito atentos e em contato com os Conselhos Federais.

Veja bem, nós estamos falando das fronteiras. Estas são algumas das fronteiras. Se não nos alertarmos para elas, ou se, pelo menos, setores do movimento psicanalítico não se alertarem, poderemos perder o trem da história. Como disse Peter Fonagy no Pré-Congresso de Pesquisa realizado com os Congressos da FEPAL: "Não precisamos que todos os analistas façam pesquisa, mas que pelo menos 5% façam e que elas sejam bem-tratadas". Creio que alguns analistas deveriam se dedicar a estas questões. Nós temos, dentro da ABP, dentro da IPA e da FEPAL, alguns que têm muita facilidade, muito contato com os sistemas de saúde e com os Ministérios e estão se movimentando nesse sentido. É algo imprescindível.

RP – No atual contexto, qual seria, na sua visão, o papel da IPA com as sociedades psicanalíticas nas diversas regiões do mundo?

CLE – O que é a IPA? A IPA somos nós. Mas isto é mais fácil dizer do que fazer. A IPA é uma instituição muito complexa. Neste momento ela tem dez mil e trezentos membros. Há um estudo que mostra que ela está crescendo numericamente por mês e por ano. Não sei se há alguma instituição científica de outra área com estas características no mundo. Talvez não haja. Porque ela tenta regulamentar, manter os standards, estimular o diálogo e, de alguma maneira, estimular a formação analítica. Mas a questão neste momento é encontrar o equilíbrio entre uma organização central, as organizações regionais e as sociedades.

Há uma discussão muito forte sobre a necessidade de uma maior regionalização. As entidades regionais estão muito atentas a isto. Vejo o papel da IPA como um papel coordenador, de acolhimento, de processamento, de devolução, de produzir estudos que levem ao progresso da psicanálise. A IPA tem um orçamento muito alto que está sendo empregado em várias coisas, está cada vez mais estimulando a pesquisa e a educação, realizando congressos, conferências inter-regionais e pequenos encontros. Há uma tendência a estimular encontros pequenos, temáticos, parecidos com os encontros clínicos da FEPAL-NAIPAG.

Vejo, pois, a IPA como uma Instituição de grande relevância e que tem-se democratizado cada vez mais, tem-se tornado mais transparente. Venceu-se uma etapa, talvez, na qual um grupo muito pequeno controlava todos os destinos desta instituição. Com a introdução da Casa dos Delegados, um número grande de pessoas passou a participar. Agora está havendo uma outra modificação. Possivelmente a Casa dos Delegados vá terminar tanto quanto o Council, sendo substituída por um grande organismo coordenador. A IPA é um órgão coordenador que precisaria ouvir mais as bases e estar mais próximo das necessidades de seus membros e talvez ser mais sensível às diferenças regionais.

Creio que é cada vez mais discutível se devemos ter um modelo único de formação que tem de ser implantado em todos os lugares, ou se vamos ter peculiaridades regionais e reconhecer estas necessidades, mantendo uma certa identidade geral. Penso que isto é possível. Tenho visto gente trabalhando para o progresso neste sentido. Por exemplo, no início da Casa dos Delegados, de que participei, a partir de 1994, a impressão era que, cada vez que um latino-americano falava, era olhado como um ser um tanto quanto exótico, curioso. Uma das coisas que me chamaram a atenção é que o coordenador não conseguia lembrar dos nossos nomes. Depois já tivemos um presidente latino-americano, Etchegoyen. Atualmente temos muitos latino-americanos participando em vários níveis e hoje em dia todo mundo sabe que a região em que a psicanálise mais se desenvolve é a América Latina.

Então, fatos como o recente Congresso da FEPAL que, sem dúvida, foi um sucesso, são olhados com muito interesse. Há um grande desejo de saber como foi feito, o que deu certo, por que deu lucro, por que tantas pessoas continuam indo aos congressos e por que os livros são tão vendidos. Há um maior respeito pela América Latina, recente, apesar de nem sempre nos darmos conta disto. A nossa presença nas publicações é crescente.

Mas no *International Journal*, por exemplo, o número de trabalhos enviados pelos latino-americanos é sempre menor que o número de trabalhos de europeus e norte-americanos. Esse é um problema nosso. Reiteradamente o editor e o editor regional pedem mais. Há interesse do *International Journal* em publicar mais artigos latino-americanos.

RP – Se entendemos bem, dizes que a presença dos latino-americanos nas publicações é muito forte?

CLE – Ela já é forte e está aumentando. Ela já é representativa, mas ainda é insuficiente. Penso que há um certo sentimento de desvalia que precisaria ser vencido.

RP – Recentemente esteve no Brasil, no Rio de Janeiro, um economista que recebeu o Prêmio Nobel de Economia e, na entrevista, disse algo parecido ao que falaste. Ele perguntou: "Mas o que há com os economistas brasileiros que acham que a solução do problema do Brasil vai ser dada pelos economistas americanos? Vocês têm excelentes economistas. Vocês têm a Fundação Getúlio Vargas" e citou vários nomes de economistas que são conhecidos em todo o mundo, menos valorizados pelos próprios brasileiros.

CLE – Penso que isto é uma questão do inconsciente coletivo latino-americano, associada ou decorrente das realidades de uma ordem socioeconômica de grande desnível entre as regiões. Não podemos desconhecer a existência de um sistema internacional de desnível e dominação, que inevitavelmente penetra nas mentes e em relação ao qual precisamos, no mínimo, estar atentos. Ainda vivemos um modelo importador de produção psicanalítica, embora saibamos que se produz psicanálise de alta qualidade na América Latina e em países da Europa com menor tradição. Este é um cenário que constitui um dos desafios que devemos enfrentar.

RP – Como vês a produção psicanalítica latino-americana? Crês que existe uma produção específica latino-americana? A psicanálise latino-americana se desenvolve de uma maneira peculiar, como às vezes sugerem? É um movimento realmente crescente? Qual a sua opinião sobre a psicanálise latino-americana?

CLE – Antonino Ferro diz que o Bion dele é um Bion mediterrâneo, não é o mesmo dos ingleses, nem o mesmo dos americanos. Não vou entrar em detalhes de como foi a implantação, por exemplo, de Bion em São Paulo ou aqui, mas é diferente.

Então, vejo que temos uma produção psicanalítica consistente, que aparece quando observamos os trabalhos dos congressos internacionais. Mais de uma vez observei isto, e não só eu, que os trabalhos levados pelos latino-americanos eram de melhor qualidade que os trabalhos levados pelos colegas da América do Norte e da Europa.

O nosso problema é que não existe uma tradição tão sólida entre os países da América Latina. Por exemplo, pode-se dizer que existe uma psicanálise argentina, creio que ninguém discordaria de que existe uma sólida psicanálise argentina e uma razoável psicanálise uruguaia. Creio que existem núcleos brasileiros com alguns temas que são desenvolvidos. Existem temas mexicanos e algumas questões desenvolvidas no Chile, no México e assim sucessivamente.

Discute-se se somos colonizados e apenas importamos modelos, ou se transformamos estes modelos em uma linguagem nossa. Vamos tomar um exemplo: há um autor, aqui presente, que escreveu um trabalho sobre o campo analítico; não é um trabalho só de revisão, há uma apropriação e transformação de conceitos. Isto na parte final do texto é facilmente perceptível. Estive relendo, porque escrevi um artigo sobre objetividade e revisei o do Favalli. Há várias contribuições assim na nossa Sociedade. Outro exemplo é aquele trabalho do Raul Hartke sobre o desenvolvimento da sexualidade masculina. Não é uma revisão, é uma proposta a respeito do desenvolvimento da sexualidade, das perversões, da homossexualidade, em que, evidentemente, há um aspecto da experiência, da criatividade do autor. Estou citando os mais próximos, mas podemos tomar uma série de autores argentinos, o Marucco, o Berenstein, e outros que têm desenvolvido uma obra específica. Se formos examinar os livros e as contribuições do Marucco, não é freudiano-francês, ele é um freudiano-francês-argentino-Marucco. Talvez possa dizer-se assim. Ele tem um desenvolvimento próprio e neste sentido vai sendo estruturado o pensamento psicanalítico latino-americano.

RP – E os trabalhos do Fernando Guedes sobre fobias?

CLE – Quanto aos trabalhos do Fernando Guedes sobre fobias, somos suspeitos para falar, mas de qualquer maneira eram contribuições relevantes e estimulantes. Então, creio que sim. O que quero dizer é que há uma produção psicanalítica latino-americana. Dei-me conta, por exemplo, que o trabalho sobre neutralidade, que ficou aqui, poderia ter sido discutido fora daqui.

RP – No entanto, é uma posição bem peculiar sobre neutralidade. É uma tentativa de revisar todo o conceito e de colocar uma posição própria.

CLE – Exatamente. É uma tentativa de fazer alguma coisa a partir da nossa maneira de ver. Quer dizer, eu penso que exista uma produção e creio que tanto a *Revista da APB* quanto a Revista da nossa Sociedade, essencialmente, parece que são as mais consistentes e têm mostrado isto. Talvez nos falte sermos um pouco mais audaciosos, entendermos mais claramente as nossas posições e compararmos mais nossas teorias com as de outros locais da América Latina. Por isto estes encontros clínicos como o FEPAL-NAIPAG são tão importantes. Há um plano da nossa Sociedade de se reunir, por exemplo, com a APA e uma série de outros planos que creio serem muito promissores. Vejo que há uma produção, só que insuficientemente exportada e defendida.

RP – Uma pergunta ficou pendente dentro do tema das relações da psicanálise com a Universidade. Chegaste a mencionar a importância de 5% das pessoas trabalharem com pesquisa e que sejam bem-tratadas, mas qual é a tua opinião sobre o papel da pesquisa no desenvolvimento da psicanálise? Acreditas que a pesquisa empírica tenha um papel nesse desenvolvimento?

CLE – Acredito que tem um papel. Objetivamente, todos os nossos conceitos, todos os nossos desenvolvimentos procedem, praticamente todos, do trabalho clínico de analistas com seus pacientes no consultório. Isto é um fato inegável. A pesquisa empírica é muito recente. Os trabalhos de Fonagy sobre a capacidade de mentalização, sobre a função reflexiva, são contribuições interessantes e úteis. Os trabalhos de Bucci sobre o desenvolvimento do processo analítico e das relações que são observadas no curso de uma análise são outras contribuições interessantes. O que penso é que deveríamos desenvolver tanto a pesquisa empírica quanto a pesquisa conceitual, mantendo sempre como nossa área privilegiada a pesquisa clínica. Temos, em nosso meio, algumas contribuições sobre a contratransferência e sobre supervisão, por exemplo, que são úteis e relevantes.

Por que eu acho isto importante? Primeiro, creio que podemos documentar e formular com mais precisão alguns conceitos psicanalíticos. Segundo, podemos estabelecer um trabalho conjunto com outras áreas, por exemplo, a neurociência, a psiquiatria e a psicologia. Terceiro, podemos estimular candidatos e analistas a incluírem alguns procedimentos de pesquisas na sua prática. Quarto, neste momento, no mundo, a questão da presença na Universidade e a questão do financiamento para tratamentos analíticos ou qualquer atividade passa pela pesquisa. Temos aí, então, algumas razões pelas quais ela pode contribuir. Ainda não contribui consistentemente, mas pode vir a fazê-lo.

RP – Acreditas que a objetivação de algo tão subjetivo quanto a nossa observação do inconsciente, em nosso instrumental, tem uma maneira de poder ser validada empiricamente ou estas tentativas irão descaracterizar a psicanálise como tal?

CLE – Bem, este é um debate entre André Green e Wallerstein e se trata de uma questão desafiadora. Creio que precisamos ter instrumentos, ou pelo menos tentativas de objetivar alguma coisa. O meu receio é que nos percamos num subjetivismo desvairado ou num intersubjetivismo absoluto e que não possamos continuar dialogando com outras áreas do conhecimento. Não podemos objetivar de uma maneira precisa o que se passa no campo analítico, mas podemos de uma maneira, quem sabe tosca e rudimentar, fazer algumas tentativas de aproximação que podem levar a aplicar isto na relação médico-paciente, nos estudantes de medicina e de psicologia, que possam nos ajudar a mostrar resultados de tratamento analítico.

Aqui há uma outra área interessante, há toda uma série de pesquisas sobre evidências de mudanças nos tratamentos analíticos. São pesquisas que usam instrumentos, que usam estes métodos quantitativos e que são vitais para a inserção no nosso sistema de saúde, por um lado, e ao mesmo tempo elas nos permitem dialogar com outros métodos de tratamento que se pretendem únicos ou exclusivos. Em suma, creio que não se consegue uma objetivação absoluta e uma comunicação absoluta entre inconscientes.

Voltando ao conceito de neutralidade, uma certa objetivação deve ser buscada, com todas as limitações, para nos manter dentro do diálogo com outras áreas do conhecimento.

RP – No momento, quais são tuas áreas de interesse pessoal? Quais teus projetos pessoais, de estudos e tuas perspectivas?

CLE – Sempre me interesso mais pela clínica do que pela teoria. Pode ser uma limitação e pode ser uma característica. Não sou uma pessoa que se emocione demais com as teorias psicanalíticas, a não ser na medida em que elas me instrumentalizam para trabalhar melhor clinicamente. O que me interessa realmente é o que posso fazer com os meus pacientes e o que a psicanálise pode fazer como método de tratamento. O que tem-me interessado sempre são estas questões da relação analítica. Temas como a contratransferência, a neutralidade, o campo analítico, a relação analítica, a mudança psíquica. É essa relação tão complicada, tão difícil de definir o que mais me interessa. Isto me leva, por exemplo, a procurar me manter atualizado, acompanhando os desenvolvimentos sobre isto provenientes das mais variadas escolas.

Estive e continuo interessado na relação entre psicanálise e cultura. Passei dois anos envolvido com um grupo de colegas que constituiu a Diretoria da FEPAL e várias comissões sobre áreas específicas, ocupado em montar um congresso sobre isto e que me levou a muitas leituras. Não tinha esta preocupação antes, assim foi curioso, porque comecei a estudar e verifiquei que a quantidade diária de desafios e de interfaces é tão grande que vale a pena um investimento.

Interessa-me muito a relação da psicanálise com a psiquiatria e com a literatura e também ver de que maneira vamos poder sobreviver no meio de tantos desafios, de que maneira vamos poder manter esta psicanálise, na qual nós em geral acreditamos, relativamente intacta e funcionante e de que maneira nossas instituições podem funcionar. Esta é uma outra área que tenho observado, a partir das minhas posições administrativas também, não só aqui, mas na psiquiatria e na Universidade. Que estranhos seres são as instituições e que configurações fantasticamente complexas elas formam! Ao mesmo tempo, depois de alguns anos, algumas coisas se tornaram monótonas, porque se repetem.

Então, me interessa muito estudar ou, pelo menos, entender mais como se distribui o poder dentro das instituições, como estes vários mecanismos circulam e como estas instituições conseguem, algumas delas, sobreviver apesar de tantas relações complexas.

A nossa instituição psicanalítica, sem querer ser narcisista, é talvez a mais fascinante de todas, porque ela tem uma coisa que nenhuma outra tem que são os resíduos transferenciais. Eu até estava brincando com um colega que, naquele congresso da FEPAL, naquela sala enorme, ou aqui na nossa, se pudéssemos filmar ou fotografar com uma câmara especial as transferências e as contratransferências voando de um lado para o outro e as famílias analíticas se entrecruzando, seria muito interessante.

Observo o funcionamento destas instituições e, à medida que tenho participado delas, tenho achado que, embora alguns digam que nada mais os surpreende, continuo sempre me surpreendendo com a variedade, com a multiplicidade de coisas que ocorrem. Penso que é um campo muito interessante. Finalmente, o campo que mais me fascina é o analítico. Podemos ficar dez, quinze anos encontrando uma pessoa quatro vezes por semana e nunca se sabe o que vai acontecer no dia seguinte. Penso que esta é uma experiência absolutamente fascinante e nunca me canso de trabalhar em análise. É o que realmente gosto de fazer. Todas as outras coisas decorrem dela. Participações, cargos, etc., são importantes, mas o meu interesse, a minha preocupação é que este método tão fantástico possa continuar a ser aplicado, e creio que temos, cada um dentro das suas possibilidades, que ajudar para que isto ocorra. É nisto que estou empenhado.

RP – Desenvolvendo esta relação da psicanálise com a cultura, acreditas que, dentro do instituto, poderíamos fazer alguma coisa para desenvolver mais esta relação, psicanálise e cultura, tendo a formação do instituto? E haveria mais algumas coisas que poderiam ser feitas para ampliar mais isto?

CLE – Acredito que sim. Por exemplo, algo que se deveria pensar seria a inclusão de seminários optativos ou curriculares sobre temas ligados à cultura. Embora também pense que deveria haver seminários sobre a metodologia da pesquisa ou sobre psicanálise e neurociências. Abrir "n" possibilidades. Mas a relação com a cultura é muito interessante, porque já há uma massa de conhecimentos dentro e fora da psicanálise ou nesta interface que se poderia fazer.

Existem outros institutos em que isto é feito, e o que observo é que no nosso cada vez mais têm sido oferecidos seminários optativos sobre temas variados, um deles sobre mitos. Penso que este seria um caminho interessante, inclusive com a participação de outras pessoas e não só analistas.

A minha impressão deste congresso da FEPAL é que um dos setores mais interessantes foi justamente aquele em que havia elementos da cultura discutindo com analistas. Houve discussões muito estimulantes de ambos os lados.

Creio que, realmente, poderíamos aumentar este diálogo. Observo, em nossa Sociedade, que tem havido uma movimentação importante no sentido de convidar pessoas de fora para conversar dentro da Sociedade, que começou, possivelmente, na gestão anterior, com a Viviane coordenando o Comitê de Psicanálise e Sociedade. É algo que está sendo extremamente enfatizado pela IPA e pelo Comitê de Psicanálise e Sociedade: usar a Sociedade para trazer pessoas, usar a nossa pertinência, o fato de pertencermos à IPA, como uma coisa única e importante e assim nos servirmos mais de nossos recursos para ampliarmos este contato. Penso que esta é uma área que precisa e deve receber cada vez mais o nosso empenho.

Revisão técnica: J.C. Calich

© *Revista de Psicanálise – SPPA*

Elias Mallet da Rocha Barros

O Dr. Elias Mallet da Rocha Barros nasceu na cidade de São Paulo em 20 de setembro 1946. É analista didata e membro efetivo da Sociedade Brasileira de Psicanálise de São Paulo e da Sociedade Britânica de Psicanálise, tendo realizado sua formação oficial nesta última. Segue a orientação da escola kleiniana, mas aprofundou seus estudos por meio de aportes trazidos por autores franceses e americanos, principalmente. Escreveu e publicou inúmeros artigos relativos à teoria e à técnica psicanalíticas tais como: "A situação analítica: algumas reflexões sobre sua especificidade", "Transformações e trabalho clínico", "A interpretação: seus pressupostos teóricos", "A função criativa e/ou reveladora da interpretação". Da mesma forma, possui artigos publicados referentes à formação e identidade analíticas, dentre os quais destacamos "Formação e transmissão da psicanálise" e "Repensando a educação psicanalítica". Foi organizador do livro *Melanie Klein: evoluções*, editor da *Revista Brasileira de Psicanálise* e do *Livro Anual de Psicanálise*. Exerce atualmente a função de editor do International Journal of Psychoanalysis para a América Latina. Ganhou o Sigourney Prize da Universidade de Columbia/EUA, prêmio ofertado anualmente a destaques internacionais da psicanálise.

Concedeu a seguinte entrevista em 14/5/1998, em São Paulo, ao Dr. Raul Hartke.

RP – Tu poderias nos falar um pouco sobre tua formação analítica em termos de análise didática, supervisões e principais influências teóricas?

EM – Minha formação, creio eu, deu-se pelo menos em dois tempos. Meu pai tinha um grande interesse pela psicanálise e convivia com muitos analistas. Antes mesmo de entrar na Universidade, eu já havia lido algumas coisas de Freud e me interessado pela psicanálise.

Mas foi o contato sobretudo com Isaías Melsohn que me deixou fascinado pela psicanálise. Eu ficava fascinado com o que Isaías dizia e também pelo que meu pai comentava em relação às implicações éticas do conhecimento propiciado pela psicanálise sobre a mente humana. A seguir tive um contato com Roberto Azevedo, freqüentei alguns de seus seminários e passei a me interessar pela psicanálise inglesa, sobretudo por Melanie Klein. Quando terminei a universidade, fui para a França e segui, durante dois anos, um seminário de Mme. Gratiot-Alphandéry e Daniel Widlöcher. Nessa época, Widlöcher estava produzindo seu livro *Freud et le Problème du Changement*. Esse foi meu primeiro contato com um ensino mais sistemático da psicanálise.

Influenciado sobretudo por Octávio Salles, decidi mudar-me para Londres e lá, minha mulher e eu fizemos a formação. Fui analisado por Herbert Rosenfeld. Meus supervisores oficiais foram Ruth Riesenberg Malcolm e Elizabeth Spillius. Durante esse período em Londres, além de meus supervisores oficiais, fiz quase quatro anos de supervisão com Betty Joseph, quase dois com Hanna Segal, participei durante anos de um seminário clínico com John Steiner, com quem também tive supervisão. Tive como *consultants*/supervisores, para me tornar membro efetivo da Sociedade Britânica, Dr. Sidney Klein (kleiniano) e Dra. Dinora Pines, do grupo dos freudianos contemporâneos, durante um ano cada.

Cada um desses supervisores me influenciou de maneira diferente. Ruth Riesenberg tem um talento especial para falar com o paciente, uma concepção própria da relação entre o passado e suas manifestações no presente. Ela, por meio da atenção detalhada à maneira como os mecanismos de defesa se presentificam na transferência, vê o desenrolar da biografia emocional do paciente. Spillius busca sempre a maneira pela qual a organização mental do paciente se manifesta nos pequenos detalhes da sessão. Spillius é uma supervisora e uma analista de grande humanidade, sempre preocupada com o sofrimento do paciente. Beth Joseph tira emoção de pedra. Aprendi a dar uma atenção especial às maneiras sutis inconscientemente utilizadas pelos pacientes para atuarem certas organizações emocionais que se manifestavam para além das palavras. Segal tem um talento especial para apreender a fantasia inconsciente que subjaz ao relato do paciente. É absolutamente fascinante ver Segal trabalhar. John Steiner ensinou-me coisas inestimáveis. Com ele aprendi a buscar o clima emocional da sessão e depois conectá-lo com o conteúdo da fala do paciente. Tanto Betty Joseph quanto Steiner são mestres em identificar os movimentos emocionais em operação na sessão. A primeira fala é vista como uma espécie de abertura, na qual os temas centrais do que se seguirá aparecem de maneira concentrada. Depois esse movimento inicial se desenrola numa multiplicidade de temas.

Nos últimos anos, fui muito influenciado pelos analistas franceses, especialmente Laplanche, André Green e Pierre Fédida. Penso que esses analistas me trouxeram uma preocupação com a teoria das representações, que, para mim, é o ponto nodal da teoria psicanalítica. Entre os americanos, Roy Schafer, Bob Caper e Owen Renik têm-me despertado um enorme interesse. O livro *Analytic Attitude*, de Schafer, é uma obra-prima. Jorge Ahumada, com sua preocupação com a lógica que permeia o processo analítico, é outro autor que me tem ensinado muito. Entre os colegas brasileiros, as influências são mais difíceis de serem identificadas, pois ainda não existe uma obra com massa crítica suficiente para constituir um bloco de influência e também por não haver, ainda, uma distância suficiente da experiência para se poder avaliá-la.

RP – Tu fizeste tua formação analítica na Inglaterra e depois voltaste para o Brasil, onde, como analista didata, participas ativamente da formação de analistas. Quais são os pontos de convergência e de divergência que vês entre a formação na Inglaterra e aqui no Brasil? Quais os problemas e as qualidades de uma e de outra?

EM – Nunca refleti sobre esse assunto a partir do ângulo que você me propõe. Creio que a formação na Sociedade Britânica é sistemática. Isso é uma grande vantagem, que pode, eventualmente se transformar numa desvantagem. Ao optar por um dos grupos, no meu caso o kleiniano, você opta por uma tradição de pensamento e de prática clínica de grande peso, no sentido de ser muito profunda e marcante. Os supervisores têm, cada um, seu estilo pessoal, dizem exatamente o que pensam sobre seu trabalho clínico. Não existe propriamente um autoritarismo, mas um padrão a ser atingido sempre presente. Para fazer face a esse tipo de supervisão, você precisa já ter uma certa maturidade: ou você é instado pelas circunstâncias a desenvolvê-la rapidamente, ou você cai fora do "main stream".

Durante a formação, você deve fazer um relatório sobre cada um de seus pacientes supervisionados a cada seis meses. Esse relatório tem de ser aprovado por seu supervisor e pela comissão de ensino. Inicialmente isso é muito difícil, mas é algo que ajuda enormemente a trabalhar com uma grande angular e com uma teleobjetiva ao mesmo tempo, como diz Elizabeth, minha mulher. Essa perspectiva é muito interessante: somos obrigados a dar grande atenção ao pormenor e, ao mesmo tempo, a inseri-lo numa perspectiva mais ampla. O sistema não é autoritário, embora seja rígido. Ao mesmo tempo, você se sente tratado justamente. O poder de apelar para uma segunda opinião é reconhecido e respeitado.

Penso que a existência de uma tradição coloca você em contato com a profundidade de um pensamento. Por outro lado, penso que essa mesma tradição pode interferir na aquisição de uma liberdade de pensamento e contribuir para um fechamento. Isso não quer dizer que todos sucumbam ao seu peso. Temos Ronald Britton e John Steiner, por exemplo, para comprovar que é possível inovar a tradição.

No Brasil, ainda não existe uma tradição consistente de pensamento analítico, a cultura é avessa a avaliações críticas, raros são os que ousam criticar o pensamento de colegas e ainda mais raros os que aceitam bem uma crítica. Essa ausência de debate crítico em parte é responsável pela inexistência de uma tradição de pensamento analítico organizado em algumas correntes com identidade própria. Em nossos institutos, o número de candidatos que são de alguma maneira reprovados é mínimo ou inexistente. Isso quer dizer ou que temos um processo de seleção muito rígido, só escolhemos de fato os melhores e assim perdemos todo um grupo que poderia se desenvolver muito bem, ou que não temos nenhum critério. Deixamos a cargo do candidato decidir se ele pode ou não ser analista. Não levamos em conta que aqueles que não deveriam ser analistas são os que dificilmente chegariam a essa conclusão por conta própria. O que é rico no Brasil é a variedade. Variedade de estilos, de formações teóricas, de pacientes. A ausência de uma tradição tem suas desvantagens, mas também suas vantagens, pois permite uma liberdade de pensar que não encontro na Europa.

RP – Como vês a questão da produção científica, no meio psicanalítico brasileiro? Existiria efetivamente alguma produção original no Brasil, ou seríamos principalmente importadores de idéias? Como vês esta questão de importar contribuições psicanalíticas, muitas vezes sem um contato direto com as fontes?

EM – Já tratei em parte desse assunto em um artigo publicado no *International Journal* e no *Livro Anual*, num artigo cujo título é "A questão da originalidade e da imitação no pensamento psicanalítico". Nesse trabalho proponho que pensemos a questão da perda da originalidade no pensamento psicanalítico, em especial aquela que afeta a América Latina, a partir de como as sociedades de consumo tratam o conhecimento original. O pensamento de vanguarda institucionaliza-se e perde o seu caráter de desafiador do *status quo*. As sociedades de consumo tendem a simplificar brutalmente o conhecimento acadêmico, transformando-o rapidamente em técnicas de uso rotineiro prontas para serem consumidas e esse tratamento o distancia dos esquemas conceituais que o geraram e serviram de fonte de inspiração.

Nesse contexto, grupos tornam-se proprietários de certas idéias psicanalíticas, que são simplificadas pelo uso a que estão submetidas e servem para instituir e legitimar seu domínio, segregando grande parte da comunidade psicanalítica do acesso às formas mais avançadas da produção psicanalítica inovadora. Essa simplificação a serviço de uma mentalidade consumista impede a criação de uma tradição reflexiva e geradora de novas idéias.

Idéias e teorias tornam-se simplificações, meras técnicas a serem aplicadas e propriedade de grupos dominantes, que segregam outros setores que, por sua vez, por serem vítimas, tendem a ver as idéias provenientes de outros centros culturais utilizadas dessa maneira como exóticas e alheias ao nosso meio. O resultado é a criação de uma polêmica, a meu ver cada vez mais sem sentido, que opõe a psicanálise dita brasileira à psicanálise seja inglesa, seja francesa, por exemplo. Que importância tem o fato de André Green ser francês, ou Ronald Britton ser inglês? Penso que teremos uma psicanálise brasileira no dia em que superarmos essa diferença e nos tornarmos homens de nosso tempo, inseridos na psicanálise universal. Nesse dia estaremos inaugurando, a meu ver, a verdadeira brasilidade no pensamento psicanalítico nacional. Em suma, penso que haverá (poderia dizer até que já existe um embrião disso) uma psicanálise brasileira, quando nossa contribuição ao saber universalizador da psicanálise for realizada por brasileiros.

RP – Há algum aspecto teórico e/ou técnico que esteja particularmente te interessando no momento e no qual estejas trabalhando?

EM – Sim, há várias áreas correlatas que me têm interessado. No momento estou procurando entender melhor a questão da representação do afeto como forma de apreensão de totalidades relacionais. Essa preocupação me levou a examinar o processo de constituição do sonho e a ler com muito interesse o que Pierre Fédida tem dito sobre a teoria da imagem na vida psíquica. Também André Green tem-me ensinado muito sobre a problemática do afeto em psicanálise. O interessante é que procuro integrar essas contribuições à minha formação clínica que é basicamente de inspiração kleiniana. Uma autora como Betty Joseph, que foi minha supervisora, ou alguém como Lyz Spillius estão o tempo todo buscando identificar a experiência emocional, isto é, afetiva, na relação transferencial. Essa minha preocupação com a representação do afeto é resultado de alguns anos de trabalho sobre a problemática da interpretação e daquilo que constitui o essencial da relação analítica. O problema da representação é, a meu ver, o fundamento principal da teoria do psiquismo.

Sobre Psicanálise & Psicanalistas

RP – Tu tens tido uma ativa e inteligente participação no meio editorial psicanalítico brasileiro e da América Latina. Tiveste, inclusive, uma participação importante na organização da Revista de Psicanálise *de nossa Sociedade e continuas nos oferecendo uma colaboração marcante. Como vês o mercado editorial psicanalítico no Brasil atualmente?*

EM – O Brasil era o terceiro mercado para livros psicanalíticos do mundo, depois da França e dos Estados Unidos. Esse mercado se restringiu muito, em conseqüência da recessão e de uma certa crise, eu diria, da civilização ocidental mais do que da psicanálise, mas que se reflete profundamente no interesse pela psicanálise. O Brasil tem boas revistas psicanalíticas, entre as quais a de Porto Alegre que, a meu ver, é excelente, entre outras coisas, porque não sofre de nenhum provincianismo. Também a *Revista Ide*, de São Paulo, é de alto nível e o *Jornal de Psicanálise do Instituto da Sociedade de São Paulo* é muito bom. Na área editorial, temos bons editores. Jayme Salomão, da Imago; Manoel Berlinck, da Escuta e a editora Artes Médicas têm prestado grandes serviços à psicanálise. Com todos os defeitos que se podem atribuir a certas produções da Editora Imago, ela ainda é excepcional.

Ao contrário do que o público pensa, o livro psicanalítico não dá dinheiro, seu custo é altíssimo, suas tiragens baixas, as editoras trabalham sem qualquer auxílio de entidades governamentais ou fundações para realizarem as traduções, como ocorre nos Estados Unidos e na França. Com todas essas dificuldades, a Imago colocou no mercado brasileiro o essencial da produção psicanalítica mundial e tem publicado muitos autores brasileiros, mesmo com prejuízo. Penso que esse mercado editorial depende muito da qualidade daquilo que se publica nas revistas psicanalíticas. Assim, se eu pudesse dar um conselho, diria que cabe aos editores dessas revistas uma enorme responsabilidade e sugeriria que eles não transigissem na qualidade, não permitissem que aspectos políticos ou corporativos interferissem na seleção de artigos.

RP – Na tua opinião como está a situação do movimento kleiniano, atualmente, em Londres e também no resto do mundo ana-

lítico? Como vês o desenvolvimento teórico da psicanálise na França e nos Estados Unidos?

EM – Vejo com muito interesse o desenvolvimento do pensamento de alguns autores como John Steiner e Ronald Britton, da Sociedade inglesa. As pesquisas históricas de Elizabeth Spillius também têm tido papel importante na criação de uma reflexão sobre as idéias kleinianas. Betty Joseph tem inspirado desenvolvimentos técnicos de grande importância clínica. Acho que, no momento, é um pensamento em grande expansão que tem encontrado cada vez mais receptividade, ainda que crítica, o que considero muito salutar, nos Estados Unidos. Nos Estados Unidos, tenho acompanhado cada vez com mais interesse autores como Bob Caper, Thomas Ogden, Owen Renik, Glen Gabbard, Roy Schafer e Otto Kernberg, sobretudo seus trabalhos sobre as patologias das relações amorosas. Vocês não perguntaram sobre a França. Acho que a psicanálise francesa, embora não tenha orientação kleiniana, muito contribui para pensar certos aspectos da sua problemática. Tenho-me enriquecido muito com a leitura de André Green, Pierre Fédida, Jean Laplanche e Florence Guignard, essa última mais kleiniana. Acho que o desenvolvimento maior da psicanálise resultará de um encontro crítico das tendências representadas por esses autores que mencionei entre outros. Não estou pregando o ecletismo, mas, sim, um encontro crítico de reflexões e de problemáticas.

RP – No teu modo de ver, quais são os principais desafios para a psicanálise como ciência e como prática, nesta virada do século?

EM – Gostaria de dizer muitas coisas, mas o tempo não me permite. Vou apenas mencionar alguns pontos. Acho que a dificuldade cada vez maior de explicarmos o que estamos fazendo em nossa clínica com base nas teorias metapsicológicas disponíveis produziu uma proliferação de escolas psicanalíticas que se arvoram numa originalidade teórica que torna o debate psicanalítico estéril fora do restrito círculo de seguidores. Isso produz uma crise com vários matizes e não pretendo examiná-la agora.

A psicanálise, hoje, confronta-se com uma ampla gama de práticas terapêuticas de caráter psicoterápico e farmacológicas que prometem alívio aos sofrimentos que afligem o ser humano. A esse quadro temos de acrescentar o papel exercido, hoje, pelas pesquisas sobre ansiedade realizadas pelos departamentos de neurociências das Universidades de todo o mundo, que contam com grandes investimentos dos laboratórios farmacêuticos. Os psiquiatras, apoiados por uma enorme quantidade de pesquisas, tanto genéticas quanto do metabolismo cerebral, que indicam como o fator biológico interfere nos modos de sentir humanos, sentem-se encorajados a desqualificar o modelo psicanalítico da mente humana.

Essa idéia em si não é nova, mas a presença de pesquisas que indicam como estados de espírito são produzidos por alterações em enzimas cerebrais reforçou a idéia de que o biológico por si só explica o mental. O arsenal farmacológico de que esses psiquiatras dispõem ainda é limitado e não apresenta grande novidade em relação ao que se dispunha há dez ou quinze anos. Não é esse arsenal farmacológico que nos ameaça; o Prosac, o Rivotril, o Sulpan ou o Zoloft, o Litium não vão acabar com a psicanálise. Se a psicanálise está de algum modo ameaçada, o perigo vem de uma utilização restrita das pesquisas que têm mostrado como estados de espírito estão relacionados com processos bioquímicos e que passam a ser considerados os únicos determinantes da vida mental.

Estamos, sem dúvida, diante de um grande desafio. Trabalhamos com a palavra, com o significado da experiência emocional, tendo como arma principal a interpretação comunicada verbalmente aos nossos pacientes na "situação analítica", uma condição inventada por nós como parte de nosso arsenal. Precisamos para sobreviver – como prática clínica – demonstrar que a palavra interpretativa que comunica significados da experiência emocional modifica a vida psíquica do indivíduo, que essa pode ser explicada pelo psíquico. Gosto muito de uma proposta de Fédida para que examinemos o discurso psicanalítico, seus fundamentos e sua prática, a partir da situação analítica tomada como nossa materialidade teórica metapsicologicamente coerente com a "ficção" de um aparelho psíquico. Essa expressão utilizada por ele é muito útil, pois mostra a relação intrínseca entre prática e teoria.

Nesse contexto, sou tentado a responder à questão que me foi colocada, dizendo que nosso grande desafio atual é o de atualizar o conceito de inconsciente e recuperar o prestígio da palavra como elemento transformador das estruturas inconscientes. Atualizar a noção do inconsciente, dentro da abordagem de inspiração kleiniana-bioniana, significa para mim muito provavelmente integrar o que chamaríamos a teoria do trabalho onírico alfa, implícita na obra de Wilfred Bion, à noção de inconsciente. Essa teoria não pode, em minha experiência, ser dissociada de uma reflexão sobre a função da palavra nos processos de organização dos fenômenos mentais. Essa reflexão tem sido negligenciada muito freqüentemente pelos analistas de inspiração kleiniana. E, por fim, diria que é fundamental aprofundarmos, ou melhor dito, desenvolvermos uma teoria sobre a representação do afeto na vida psíquica.

Revisão técnica: Lúcia Thaler

© *Revista de Psicanálise – SPPA*

Christopher Bollas

Christopher Bollas é norte-americano, doutor em literatura pela Universidade de Buffalo, New York. Fez sua formação psicanalítica na Inglaterra, sendo membro do Independent Group da British Psycho-Analytical Society e da British Association of Psychoterapists. Reside e trabalha, atualmente, em Londres. Foi Consultor Honorário para assuntos não-médicos na London Clinic of Psycho-Analysis, Diretor de Educação no Austin Riggs Center, em Massachusetts, e professor de língua inglesa na Universidade de Massachusetts. É um dos membros do Instituto di Neuropsichiatria Infantile da Universidade de Roma e um dos organizadores literários dos trabalhos de Winnicott. Em seus livros, busca pensar e ampliar as idéias de Winnicott acerca do papel de objeto nas relações interpessoais, bem como o da expressão do *self* em diferentes contextos. As seguintes obras estão publicadas em português: *A Sombra do Objeto, Forças do Destino: Psicanálise e Idioma Humano, Sendo um Personagem e Hysteria*.

Em 22/8/1999, concedeu a seguinte entrevista aos drs. Carmem E. Keidann, José Carlos Calich, Jussara S. Dal Zot, Raul Hartke e Ruggero Levy.

RP – É um prazer tê-lo conosco, dr. Christopher Bollas, e entrevistá-lo. Como já lhe havíamos dito, os outros entrevistadores que temos em nosso periódico estão muito satisfeitos pela possibilidade de conhecê-lo um pouco melhor. Vou propor algumas perguntas por escrito, mas, por favor, fique à vontade para responder o que quiser. O senhor poderia nos falar um pouco sobre a sua formação acadêmica e psicanalítica?

CB – Estudei história na Universidade da Califórnia, em Berkeley; completando meu bacharelado. Depois obtive meu grau de doutor, PhD, em literatura na Universidade de Buffalo.

Quando estudei história, trabalhava na questão da psicologia do puritanismo na Nova Inglaterra no século XVI. Eu estava lendo diários e cadernos de diferentes líderes da comunidade puritana, o que se tornou muito interessante para mim. Comecei, então, a ler literatura psicanalítica naquela época. Assim, quando fiz meu doutorado em literatura, também continuei com a leitura psicanalítica, porque, nos Estados Unidos e em outros países, uma das principais tradições críticas no estudo da literatura é a psicanálise. Era algo que eu gostava de estudar. Depois da minha graduação em história, passei dois anos trabalhando com crianças autistas em uma clínica em Berkeley, Califórnia. Fiquei bastante interessado no trabalho clínico e, também, nos estudos clínicos da psicanálise. Quando fazia meu doutorado em literatura, perguntei ao departamento de psiquiatria se eles me aceitariam para um estágio em psicoterapia, em um centro de saúde. Havia um psiquiatra muito iluminado, diretor da clínica, que disse: "Bem, vamos experimentar, vamos ver." E comecei com um paciente. O diretor supervisionou-me e correu tudo bem. Ele deu-me outro paciente; correu tudo bem. A essas alturas, já estava trabalhando dois dias por semana, em horário integral, no serviço de saúde da Universidade, fazendo psicoterapia com estudantes, enquanto também estudava literatura.

Esses desenvolvimentos paralelos certamente estavam relacionados. Mas eu não sabia que queria tornar-me um psicanalista até fazer meu PhD em literatura. Havia um único lugar onde queria fazer minha formação: na Sociedade Britânica, porque eu lia Winnicott, Klein, Tustin, principalmente quando eu estava trabalhando com crianças autistas.

Não achei os trabalhos de Margaret Mahler sobre autismo muito úteis numa perspectiva clínica, porque eles não me ajudaram a entender o mundo interno da criança. Achei Tustin, Klein e Winnicott muito mais úteis para esse fim. Isso foi em 1967. Na verdade, naquela época pouquíssimas pessoas conheciam o trabalho de Tustin ou Winnicott.

Pode parecer estranho, mas eu os descobri, porque, como muitos estudantes, tinha de trabalhar para custear meus estudos na Universidade. Enquanto estava estudando história, administrava uma livraria em São Francisco. Recebíamos o *Time Literary Suplement* (TLS), e li uma crítica de um livro de Guntrip, *Schizoid Phenomena, Object Relations and the Self.* Encomendei-o, então, para a livraria. Comprei-o, e nele havia referências a Winnicott e Klein. A seguir encomendei seus livros. Isto foi em 1965 ou 1966. Assim, eu já os lia quando comecei a trabalhar com crianças autistas e crianças esquizofrênicas.

As pessoas que lá trabalhavam estavam lendo Bruno Bettelheim, que também visitou a clínica e era um homem muito interessante. Ele tinha uma grande clínica em Chicago. Eles liam Bettelheim, Margaret Mahler e alguns outros que estavam escrevendo sobre autismo, mas não achei seus escritos muito úteis. Sempre foi importante para mim tentar imaginar qual era o conflito interno, e o grupo britânico foi o grupo que escreveu de uma maneira que você lê e realmente desenvolve seu próprio pensamento.

Depois fui a Londres para fazer entrevistas no Instituto de Psicanálise e me aceitaram. Desta forma, viajei para Londres em 1973 e lá comecei minha formação com o grupo dos independentes. Eu não sabia que era necessário escolher um grupo; tampouco sabia do que estavam falando quando me perguntaram, no início, a qual grupo eu pretendia unir-me. Isso faz parte da vida da pessoa dentro da instituição e da Sociedade Britânica.

RP – E o senhor teve contato com Bion nessa época?

CB – Assisti aos seminários de Bion, em 1977, na Clínica Tavistock. Eu estava trabalhando no setor de atendimento de adultos, naquela época. Ele veio e fez uma série de seminários. Extraordinários. Realmente foram momentos extraordinários. Nessas palestras – e tenho certeza de que vocês já o viram, ou leram suas palestras, ou viram videoteipes – ele certamente falou de um modo tal que o conteúdo manifesto era apenas um disfarce para pensamentos muito interessantes que estavam a mover-se em diferentes níveis da realidade psíquica.

Sempre achei divertido, naquelas palestras, ver as pessoas concordando com a cabeça como se realmente o compreendessem, como se o estivessem acompanhando, porque isso era impossível; era o efeito posterior, o pensamento posterior de Bion que importava. Podia-se ter alguma idéia de para onde ele estava se dirigindo, em que ele estava trabalhando. Tratava-se de quase um modo de pensar que é como um tipo de ação distinta. Você tinha, mais tarde, uma percepção do que Bion queria dizer. Antes tem uma pré-concepção, a seguir tem a concepção com ele, mas a percepção vem depois.

Acho que alguns de seus pacientes, alguns dos quais eu conheço e que se sentem satisfeitos em discutir como era estar em análise com Bion, tiveram experiências semelhantes; o efeito psíquico de Bion estava no pós-sessão tanto quanto na sessão. Um homem muito interessante, muito profundo.

RP – Bem, na verdade já chegamos à nossa segunda pergunta: quais foram as principais influências analíticas e não analíticas no desenvolvimento do seu pensamento?

CB – Já falamos sobre algumas delas. Tive alguns professores muito bons nos Estados Unidos antes de ir para a Inglaterra. Havia um psicanalista muito interessante em Buffalo, New York: Heinz Lichtenstein. Lichtenstein primeiro estudou com Heiddeger, depois fez sua formação com Anton Kris, nos Estados Unidos. Era um homem de pensamento bastante profundo, que escreveu alguns ensaios muito interessantes, um intitulado "Identity and Sexuality" em 1961. Editou-se um livro, *The Dilemma of Human Identity*. Ele teve uma importante influência no meu pensamento.

Também estudei com Erik Erikson por algum tempo. Ele me influenciou, tanto na primeira vez em que estudei com ele, nas férias de verão de 1972, quanto depois, quando voltei aos Estados Unidos no início dos anos oitentas, no Austin Riggs Center, onde eu era diretor de ensino. Erikson estava lá e, então, tive um segundo período de estudo e aprendizagem com ele.

Também fiz um seminário de meio ano em Boston com um pensador importante, Arnold Modell. É claro que meus professores no

Instituto de Psicanálise, em Londres, me influenciaram bastante: Harold Stewart, Herbert Rosenfeld e Winnicott. Cheguei a Bion mais tarde, não comecei a lê-lo antes da metade dos anos setentas, por volta de 76.

Sempre tentei compreender Lacan. Eu tinha muitos amigos que eram lacanianos, e como um ato de amizade, a cada ano, tentava entendê-lo um pouco mais. Mas Lacan não fez nenhum sentido para mim por pelo menos dez anos. Eu não acreditava nele, achava que era apenas um impostor e, para mim, é muito difícil estudar alguém em cuja integridade não acredito e eu não acreditava na sua integridade. Mas continuei com ele e segui trabalhando e tentando e, com o tempo, alguns conceitos do seu pensamento se tornaram muito importantes clinicamente. Pude, então, acreditar neles, utilizá-los e Lacan tornou-se importante.

Os psicanalistas franceses, especialmente André Green e Pontalis, Victor Smirnoff – conheci e ainda conheço André Green muito bem – tiveram grande influência por várias razões. Meu pai era francês; penso que aprendi com um pai francês, que tem um modo de pensar francês e assim por diante. Penso também que a literatura francesa me é muito importante. Esta certa independência de pensamento, que é uma característica francesa, julgo ter sido uma importante influência. André Green, Pontalis, Janine Chasseguet-Smirgel e outros leram, é claro, Klein, Lacan, Bion, Winnicott. Eles conhecem Freud melhor do que qualquer um, acho eu, e têm um modo de integrar muitas perspectivas diferentes, o que me agrada muito, repercute, faz sentido clínico para mim.

RP – Então qual sua opinião sobre o chamado pluralismo teórico na psicanálise nos dias de hoje?

CB – Bem, acho que existe um movimento na direção da formação mais pluralista, no sentido em que Bion fala dos diferentes fatores, que isso desenvolve *insight*, visão interna, percepção. Cada um dos diferentes modelos de psicanálise nos permite ver algo que não podemos ver por outro modelo. É uma questão de percepção, de disponibilidade para o conhecimento psicanalítico.

Assim, quanto mais os psicanalistas sentirem que podem adotar e aprender modelos diferentes, de diferentes grupos e escolas, no meu ponto de vista, mais abertos eles estarão para a comunicação inconsciente dos pacientes. Serão mais capazes de organizar fenômenos psicológicos complicados e, em conseqüência, mais eles terão de desenvolver a arte da técnica, porque a técnica é uma arte. Exige prática, tempo, aprendizagem, o que é bom. Claro que é difícil, porque existe uma grande força no sentido oposto, de se pertencer a um grupo só, de manter lealdade ao grupo. A psicanálise não é diferente, nesse sentido, dos outros movimentos intelectuais, nos quais a lealdade ao grupo interfere no pensamento: o fato de alguém procurar outros modelos é experimentado como uma forma de traição ao seu grupo.

Isso não é bom para a psicanálise, mas julgo que, especialmente em certos países, isso está mudando. Certamente na Argentina e no Brasil vocês têm passado por diferentes fases de didatismo: kleiniano, lacaniano, winnicottiano, bioniano. De modo que existem estas diferentes tradições intelectuais, e acho que vocês conseguiram abordá-las e removê-las. Em Londres ainda somos muito passionais.

RP – Exatamente sobre isso pensamos em lhe fazer uma pergunta. Utilizando o seu conceito de opressão, o que se poderia conjecturar sobre cultura e opressão e formação analítica e opressão?

CB – Bem, esta é uma pergunta difícil. Acho que a psicanálise deve a si mesma uma psicanálise do movimento da psicanálise. Precisamos objetivar nossa própria patologia de grupo. Se pudermos fazer isso, teremos servido muito bem à psicanálise. Porque existe um paradoxo na sua história, penso eu. Acredito que os psicanalistas são nutridos pelo seu trabalho clínico; é no trabalho com pacientes que podemos ver os benefícios da psicanálise, que podemos acreditar na psicanálise. É claro que nossa própria análise é muito importante, mas, após algum tempo, ela fica muito distante, muitos anos para trás.

Infelizmente o movimento psicanalítico em si, a partição em diferentes grupos, os tipos de guerra que ocorrem, o modo como os psicanalistas podem tratar um ao outro no grupo quase que desfaz a crença na psicanálise. Em outras palavras, se alguém foi psicanalisado, então deve ter certa abertura em relação à existência, à vida e não se engajar em crueldades para com os outros. Deveria haver evidência disso no comportamento dos psicanalistas.

Outras profissões não estão na mesma posição; os médicos não necessariamente têm de ser modelos de saúde; advogados podem não ser modelos de competência legal. Alan Greenspan, diretor do banco federal nos Estados Unidos, admitiu que é um caso perdido na sua economia doméstica e ele é responsável pela economia do país. Então deveríamos perguntar: os psicanalistas deveriam se comportar melhor do que outras pessoas? Acho que deveriam. Por várias razões, mas acho que por não agirem assim e se comportarem de forma destrutiva em relação a outros grupos – com o que se diminui o seu valor, a sua validade – isso é fazer uma crítica à própria psicanálise, é um ataque não consciente, é claro, mas inconsciente, à própria psicanálise.

É nesse nível que acho interessante ver um certo tipo de depressão nos psicanalistas em relação à profissão. É interessante. Por que deve haver essa perda de crença? É uma das razões pelas quais penso que a psicanálise é vulnerável às críticas do mundo externo. Vocês sabem que existe muita crítica e é interessante ver quão delicada, quão fraca é a resposta da comunidade psicanalítica em relação a isso. Acho que, de alguma forma, isto se dá porque há uma perda inconsciente de crença na profissão, como se não valesse a pena defendê-la, protegê-la. Os psicanalistas acreditam na psicanálise clínica, no trabalho deles, mas tenho para mim que ainda não acreditam na profissão de psicanalistas. Acho que uma das razões é porque existe uma falha em objetivar e confrontar, de forma adequada, os processos destrutivos dentro do movimento psicanalítico.

RP – Muito interessante. Bem, há algum tema teórico ou técnico específico no qual o senhor esteja particularmente interessado neste momento?

CB – Acho que, como dizia na palestra de hoje, é um desafio interessante, dentro da teoria das relações objetais, tentar identificar e discutir os objetos internos que estariam dentro do *self* por virtude do trabalho do "outro" e não do trabalho do *self*. O objeto interno seria o trabalho do "outro" e não o trabalho do *self*. É um desafio que devemos resolver na teoria das relações objetais. Porque, é claro, acreditamos em identificação projetiva, sabemos como é importante clinicamente ser capaz de desfazer as projeções do paciente, as quais carregamos na nossa própria mentalidade, no nosso próprio pensamento. De modo que pensamos, aqui, no continente e no conteúdo, na transformação da identificação projetiva do paciente por meio da interpretação, etc.

É claro que essa não é a primeira vez que isso acontece; os próprios pacientes foram recipientes de identificação projetiva feita pelo "outro". Se voltarmos à infância e à meninice, é evidente que a criança é o recipiente da identificação projetiva materna e paterna. Eles têm objetivos dentro deles, portanto, que não são produtos do seu próprio desejo. Pode ocorrer que a identificação projetiva dos pais seja correta e se una com o desejo, com o instinto ou a necessidade da criança, havendo, assim, uma negociação, um compartilhamento do objeto, digamos. Mas também sabemos que há identificação projetiva violenta por parte da mãe ou do pai colocada na criança, que irá residir dentro da economia psíquica da criança como um objeto estranho.

No meu ponto de vista, temos de pensar mais a respeito disso, o que, infelizmente, torna nosso trabalho muito mais complicado. Porque não podemos simplesmente dizer que tudo o que o paciente projeta em nós é resultado da sua economia psíquica intrínseca. Isto é muito importante.

Por enquanto, tentei nomear estes objetos e os chamei de "interject". Não sei se ficarei com esse nome ou se mais tarde vou mudá-lo; é um nome transitório para tentar começar a trabalhar dentro desta área e considerar, então, as suas diferentes dimensões. Mas acho que, se não tratarmos desta questão, deixamos uma enorme área aberta na teoria das relações objetais, a qual não deveríamos ter posto de lado por tanto tempo, porque nem tudo é posse psíquica do paciente. Existe o trabalho do outro, que tem um efeito sobre o *self*. E temos de pensar sobre isso.

RP – E isso é central para o cenário e para a relação psicanalítica.

CB – É.

RP – Não é a mesma coisa que o falso self?

CB – Não. Não é a mesma coisa que o falso *self*. O falso *self* é mais o trabalho do *self* no esforço de adaptar-se ao "outro". Você vê o trabalho do *self*, as estratégias do *self*. Podemos utilizar nossa própria experiência na contratransferência, por um bom tempo, sem saber por que estamos carregando alguma coisa, nem mesmo sabemos o que é; estamos trabalhando para compreendê-la, para ligá-la às comunicações do paciente.E então nos perguntamos qual é a natureza daquele objeto interno que carregamos naquela hora. O que é? Leva um bom tempo para que possamos pensá-lo e transformá-lo da dimensão beta para a alfa.

Bem, somos analistas e adultos, mas pensemos como deve ser para uma criança conter algo assim. É muito desafiador para nós enfrentarmos essa questão, não nos desviarmos dela e dizermos que não há diferença entre o mundo do objeto interno e esse tipo de objeto e que objetos são nossas próprias introjeções, expressões do nosso próprio desejo e assim por diante. Isto é absurdo. É a mesma coisa que dizer que a contratransferência, os objetos projetados em nós são nossos, que nós os fizemos; mas não os fizemos, foram colocados em nós, ou causados em nós, formados pelo trabalho do paciente.

RP – Este é o seu conceito de opressão?

CB – Está próximo do conceito de opressão, muito próximo dele, e, na verdade, a manifestação clínica será um tipo de desespero, desconhecido para o sujeito. Existe a evidência de uma opressão, a opressão feita pelo "outro". E eu gostaria de distinguir, na minha palestra na Sociedade, também entre o trabalho de repressão e o trabalho de opressão, porque é um tipo diferente de movimento psíquico. Julgo que é algo a ser estudado.

RP – E o senhor acha que isso está próximo do estudo de Laplanche sobre a mensagem enigmática?

CB – Sim. Acho que o trabalho de Laplanche é muito importante; é muito importante o seu conceito de significante enigmático. Porque o sujeito é, de certa forma, oprimido por alguma coisa. Não acho que Laplanche concordaria totalmente comigo neste ponto. Acredito que ele vê o inconsciente materno formando o inconsciente da criança como se houvesse uma formação direta. Eu concordo em grande parte com esta teoria. Também é importante mencionar que Heinz Lichtenstein – o psicanalista que mencionei – em 1961 disse que o inconsciente materno imprime um tema de identidade na criança. Há uma impressão, a mãe entrega a identidade à criança. Na verdade, os franceses diriam: "Vou lhe dizer quem desejo que seja". Então esta é a função que a identidade tem para a criança. Laplanche, pois, é muito importante. Lichtenstein e a literatura kleiniana também, porque o conceito de identificação projetiva nos ajudará a estudar e a elaborar isto.

RP – Eu fico me perguntando se, no conceito de Laplanche, as mensagens enigmáticas impõem e solicitam e estimulam um trabalho de tradução, enquanto que, no seu conceito, fica uma espécie de área muda dentro da mente, algo assim.

CB – Acho que, quando você pode fazer uma tradução, então o sujeito adotou o desejo materno. No meu ponto de vista, portanto, é um processo menos maléfico. Acho que, quando o psicanalista pode fazer uma tradução, de modo que o paciente esteja entendendo de forma mais consciente o seu desejo diferenciado do inconsciente materno, há uma evidência aqui de que a criança integrou, levou para dentro do *self* o inconsciente materno. Este é um processo menos maléfico do que aquele em que a criança é o recipiente de uma violenta identificação projetiva materna, em que existe um processo de vínculo interno maior, em que não é possível para o inconsciente da criança fazer a sua própria relação com o inconsciente materno.

RP – Ele precisa de negociação.
CB – Certo. Ele precisa esculpir graus de ruptura, de confusão, de transtornos, no sentido psicanalítico, no pensamento, portanto existe um problema aqui. Acho que Laplanche discordaria de mim neste caso. Acredito que ele vê o erotismo materno como que esmagador para a criança, absolutamente esmagador. Minha visão é de que ele não esmaga a criança, porque o poder do próprio instinto da criança é o poder do esforço que vai ao encontro do erotismo materno no mesmo nível de intensidade, de modo que a própria vida instintiva da criança é um par para o erotismo materno. Conseqüentemente, a vida instintiva é muito importante, uma vez que determina a própria economia psíquica da pessoa, de modo que a pessoa não está simplesmente recebendo as coisas... Não está tão esmagada.

RP – Bem, passemos à pergunta seguinte: a psicanálise partiu da histeria e voltou-se progressivamente cada vez mais para a estrutura psicopatológica regressiva. Recentemente o senhor fez um tipo de retorno à histeria. Existe alguma motivação especial para isso? O que o senhor pensa sobre histeria cem anos mais tarde?
CB – Acho que me voltei para a histeria um tanto relutantemente, porque penso que, por volta da metade para o fim dos anos oitentas, muitos dos casos que me estavam sendo apresentados eram, na minha opinião, histéricos, mas os psicanalistas ou psicoterapeutas entendiam que eram *borderlines*. Antes disso, nos anos setentas e início dos oitentas, os casos que se apresentavam eram esquizóides ou maníaco-depressivos ou *borderlines*, mas havia uma crescente apresentação de histéricos. Entendi isto da seguinte forma: as pessoas selecionam para apresentar aqueles casos cujo quadro, de alguma maneira, sentem que talvez não tenham compreendido bem. Estariam dizendo: "Acho que este é um *borderline*, mas não tenho tanta certeza".

Comecei, pois, a dar, nas supervisões, pequenas palestras sobre histeria e descobri que muitos psicanalistas haviam perdido contato com o que era um histérico. Este foi um trabalho bastante difícil para mim, porque, em cada supervisão, eu tinha de reapresentá-lo. Decidi: "Bem, darei seminários!". E comecei a dar seminários sobre histeria. Estes seminários foram importantes, e as pessoas acharam que foram úteis, mas também era muito cansativo, difícil. Então escrevi um pequeno livro sobre histeria, o qual será publicado este ano na Inglaterra e no Brasil pela Editora Escuta. Depois disso espero que não tenha de falar sobre histeria novamente. Mas acho que é importante. Laplanche disse isto em 1974, no Congresso da IPA. Bem no fim – Laplanche era o relator e ouviu todas as apresentações, e nenhuma delas estava centrada na questão da sexualidade – ele disse: "Estou muito preocupado, no fim deste encontro em que discutimos a histeria. A questão da sexualidade não está sendo tratada. Acho que há uma dessexualização na psicanálise". Isto foi em 1974.

Acho que podemos olhar para a dessexualização da teoria psicanalítica, para a remoção da questão da sexualidade que começou com o aparecimento do conceito da personalidade *borderline*. De modo que meu argumento foi de que houve uma repressão da histeria dentro do movimento psicanalítico em nome do *borderline*. Onde estava a histeria, agora deve estar o *borderline*. O *borderline* é a histeria dessexualizada e, portanto, muito mais perturbada, porque o analista não consegue entender o paciente. Assim, o psicanalista tornou este paciente muito mais perturbado do que ele realmente o é, e agora há muitos pacientes *borderlines* reais, mas muito menos do que pensamos. Há muito mais histéricos do que *borderlines*. O *borderline*, na minha opinião, é um paciente raro – fazendo-se uma comparação – o *borderline* real. Então temos de nos voltar para as evidências clínicas.

Eu disse ontem que, se um caso está sendo apresentado, se você está ouvindo um caso, então você tem uma certa *rêverie* enquanto está ouvindo. Se o grupo está ouvindo um caso e muitas idéias, muitas relações estão sendo feitas, nunca é um *borderline*. Não pode ser.

Se o grupo está com dificuldades em pensar, se há verdadeiras rupturas, hiatos, momentos psicóticos no grupo, então você está lidando com o caráter psicótico. Aqui, a questão do *borderline* é central. Então o grupo, que está tendo um romance com o conceito de *borderline*, terá a tendência a dizer: "É muito primitivo". Porque a psicanálise está tendo um romance com o conceito do primitivo, com o pré-Édipo.

Veja, existem estas relações de amor na psicanálise; é para lá que foi o romance. Mas, na minha opinião, você pode dizer, a partir da contratransferência do grupo, que tipos de pacientes estão sendo apresentados a ele. Se as pessoas escutam, se recebem o caso sem uma cobrança prematura, em virtude do uso da teoria, então cada um pode decidir por si. A questão de se ele é histérico ou *borderline* torna-se mais clara, e você pode dizer isso a partir de evidências clínicas. Porque a comunicação inconsciente do histérico movimenta-se no nível do simbólico. É aqui que a livre associação é extremamente importante, porque há uma seqüência lógica que as idéias latentes estão comunicando pela seqüência da apresentação e por meio de certas intensidades psíquicas da linguagem ou da metáfora ou da imagem, as quais são muito polissêmicas, envolvem muitas idéias, levam a muitos lugares. E assim a rede se une e esse é sempre um paciente histérico, sempre, não pode ser um *borderline*.

Mas, em nove entre dez casos, o analista vai dizer que é um *borderline* porque os histéricos são primitivos, há questões narcisistas, questões de grandeza, de poder do superego, mas acho que tem havido algo estranho nesse romance com o primitivo, um esquecimento de quão primitivo é o psiconeurótico. Quero dizer: nada, na minha opinião, é mais selvagem do que o complexo de Édipo. Esta é a atitude mais selvagem, é a experiência psíquica mais selvagem de todas. Também há um outro paradoxo. Provavelmente, o primeiro pensamento pré-edípico, a primeira verdadeira representação pré-edípica esteja no complexo de Édipo.

RP – A primeira representação pré-edípica está no complexo de Édipo.

CB – A dimensão edípica, que o histérico dramatiza, está presente no pré-edípico; todas estas questões estão lá. Assim, não julgo bem certa a idéia de que o pré-edípico, o anterior, é, portanto, mais primitivo. Sei o que representa no que se refere ao grau de cisão, tipo de cisão e assim por diante. Em outro sentido, é muito simplista, porque, se estamos trabalhando com pacientes histéricos muito perturbados, eles estão apresentando questões edípicas de maneira bastante selvagem e que trazem também as questões pré-edípicas.

RP – Então o livro é uma espécie de retorno do reprimido.

CB – Bem, tenho de dizer que é muito interessante fazer aqui estes seminários de fiz em Israel, em Telaviv, na Suécia, na Finlândia, na Inglaterra, é claro, e em partes dos Estados Unidos, para ver que realmente a questão da histeria está sendo levantada no pré-consciente dos psicanalistas em diferentes partes do mundo. E com tipos muito semelhantes de resposta, uma certa surpresa, mas interesse real. Muitos livros estão sendo escritos agora sobre histeria, muitos livros novos estão surgindo, de modo que meu trabalho e meu interesse fazem parte de um grande grupo que cobre uma ampla variedade de interessados na questão da histeria.

RP – No painel que o senhor mencionou, Eric Brenman disse que ninguém mais fala nada sobre histeria, mas que, quando um psicanalista vê um histérico, ele lembra: este é um histérico.

CB – Sim, é verdade.

RP – Que contribuição o senhor acha que a psicanálise pode oferecer à epistemologia, falando, por exemplo, da ênfase e da utilidade que ela atribui à livre associação como um caminho para o conhecimento, enfatizada em alguns dos seus trabalhos?

CB – É uma contribuição extraordinária para a epistemologia. A psicanálise cria uma nova forma de saber que não estava formulada anteriormente. Então é uma verdadeira revolução no pensamento e na busca pelo saber. Vou colocá-la em um paradoxo: a fim de saber a verdade, você deve suspender a busca por ela, você deve simplesmente falar o que quer que lhe venha à cabeça no momento, sem concentrar-se em nada em particular.

RP – Os antropólogos estão utilizando este método para fazer suas entrevistas, usando os conceitos psicanalíticos.
CB – Isto é muito, muito importante. E acho que há certas tradições nas quais a cultura ocidental está apoiada: esta idéia do abandono do foco a fim de ganhar a verdade. Mas, realmente, a invenção de Freud é um enorme passo adiante e uma grande mudança. Infelizmente ela não foi compreendida apropriadamente ou adequadamente na cultura e mesmo na própria psicanálise.

A livre associação tem sido marginalizada quase como se existisse uma competição, uma rivalidade entre a personalidade do psicanalista e o método, como se o método tivesse de ser colocado de lado e as interpretações do analista tivessem de estar em primeiro plano. E acho, na verdade, que Freud tinha uma rivalidade com seu próprio método, como se tivesse inveja da sua própria criação. Às vezes, ele o admirava, ficava grato pelo fato de o paciente fornecer novos conteúdos mentais que faziam suas interpretações desaparecerem, porque isso invalidava o método. Mas ele queria, claramente, ter certeza das suas interpretações, ele apreciava a certeza, porém criou um método que minava a certeza e passou trabalho com isso. Pelo menos persistiu com ele, e isto é muito importante na história da psicanálise da civilização ocidental. Mas este aspecto, este aspecto subversivo, o aspecto radical, teve de ser realmente menosprezado, porque não se encaixa na percepção social e pública da psicanálise, no que se deseja para a psicanálise como uma forma de remédio, como uma forma de terapêutica que faz com que o *self* entre em adaptação sublime com a realidade ou que modifica o *self* de uma maneira muito regular, apropriada e boa. Ela afeta o *self*, com certeza. E o trabalho interpretativo do analista realmente modifica estruturas patológicas, isto é verdade. Mas, por outro lado, o método psicanalítico é muito radical, revolucionário e subversivo.

Bem, as autoridades da saúde e as companhias de seguro, etc., não querem pagar por isso. Estes aspectos da psicanálise foram enfatizados, de modo que o próprio Freud e toda a história do movimento psicanalítico colocaram isto de lado e o mantiveram fora da área que tem a ver com o grau de perturbação criada no *self* por esta metodologia, o que realmente desafia nosso modo de pensar. Até onde ele poderia sobreviver, se fosse dito que esta nova maneira de pensar destruiria as maneiras de pensar anteriores? Ele não teria ido muito longe. Mas acho que a psicanálise está agora mudando para as Universidades, pelo menos na Inglaterra e no Canadá. Há muitos programas novos de mestrado na Inglaterra e PhD em estudos psicanalíticos.

RP – Membros da Sociedade Psicanalítica?
CB – Sim. Estão dando aula na Universidade de Londres, Universidade de Essex, Universidade de Redding, Universidade de Sheffield. Os membros da Sociedade Psicanalítica estão ensinando: Robert Hinshelwood e Joan Raphael-Leff na Universidade de Essex, no Departamento de Estudos Psicanalíticos. De modo que os alunos agora começarão seus mestrados em Estudos Psicanalíticos.

A Universidade de York, no Canadá, é a primeira a oferecer um curso de bacharelado em Estudos Psicanalíticos. Isto mudará a história da psicanálise, porque não se poderia esperar que qualquer movimento intelectual pudesse sobreviver fora da Universidade. Nunca, jamais se esperou isto.

A psicanálise está na Universidade, como sabemos, por inermédio do departamento de psiquiatria, vinculado à escola de medicina. Nunca, ou muito pouco, em departamentos de psicologia. No Brasil, acho que há; no resto do mundo, não. Na verdade, a Universidade de Midllesex tem um mestrado em Estudos Psicanalíticos que está ligado à Clínica Tavistock. De modo que agora você pode estudar psicanálise na Clínica Tavistock e obter o grau de mestre da Universidade. Isto ainda não é clínico, em outras palavras, você não é um psicanalista clínico, mas, é claro, no futuro, o Instituto de Psicanálise e as formações em psicanálise irão receber candidatos dessa nova cultura, o que é muito importante, porque os departamentos de psiquiatria na Inglaterra não estão mais produzindo pessoas que queiram fazer a formação para serem psicanalistas. Se não fosse assim, a psicanálise iria diminuir, desaparecer na Inglaterra, assim como aconteceu nos Estados Unidos, onde pouquíssimos psiquiatras, hoje em dia, querem ser psicanalistas. Têm, pois, de passar pela Universidade, e o que está acontecendo é muito bom.

RP – Então, o senhor tem uma visão otimista do futuro da psicanálise?

CB – Sim, tenho uma visão otimista. Acho que tivemos tempos bastante difíceis; obviamente, esta é uma época árdua para muitos analistas em diferentes partes do mundo. Mas quanto mais a comunidade analítica cultiva uma cultura psicanalítica em diferentes partes da sua cidade, da sua região, especialmente na Universidade e também em outros lugares, mais se acelera e desenvolve uma cultura psicanalítica. Um exemplo: em São Francisco, há dez anos, havia pouquíssimas pessoas, comparativamente falando, que queriam fazer psicanálise. Os honorários dos psicanalistas e psicoterapeutas eram muito baixos, não adequados. Havia desespero, as pessoas não podiam encaminhar pacientes umas para as outras, o que afeta o grupo, não poder encaminhar pacientes. Porém, havia vários programas – o PINC, que é um instituto psicanalítico no norte da Califórnia, e grupos formados não na IPA (o PINC vai candidatar-se à IPA), isto é, vários novos grupos, mais outras instituições, estavam desenvolvendo a cultura psicanalítica. Eles tinham candidatos, e agora toda a situação em São Francisco virou completamente, de uma cultura que estava decaindo para outra que está agora crescendo, com honorários que subiram e em que as pessoas estão se sentindo bem melhor no que diz respeito às suas relações sociais e na comunidade. Isto é porque elas têm projetado a cultura da psicanálise, a têm desenvolvido. É compreensível.

RP – Vamos à última pergunta, então. O que o senhor acha do determinismo psíquico na psicanálise hoje?

CB – Na psicanálise clínica ou...?

RP – Na psicanálise clínica.

CB – Bem, tem de se olhar para ele, na minha opinião, a partir de múltiplos vetores. Isto é, qual é a ação da determinação? Qual é a fonte da determinação? No sentido clássico, pensamos no instinto como origem da determinação. O instinto, então, e seus derivados se constituem na fonte do determinismo psíquico. Mas, na teoria das relações objetais, como estávamos discutindo, também examinaremos o efeito do "outro" sobre o *self*. Assim, existe esta determinação. Qual é o destino da identificação projetiva materna? Qual é o destino da internalização da família do *self* como um objeto antecipado que determina o destino do *self*? Em última análise, se levamos todos os constituintes da determinação psíquica em conta, temos um palimpsesto, uma rede complexa de muitos fatores que se encaixam e empurram o *self* para a frente. Então sim, existe o determinismo psíquico. Você pode desmanchá-lo em dimensões separadas? Não.

No meu livro *Being a Character* e também em um livro chamado *Cracking Up*, argumento que temos de conviver com o fato de que realmente sabemos muito pouco sobre nossos pacientes. Sabemos alguma coisa, mas muito pouco, comparativamente falando. A maior parte do trabalho da psicanálise está ocorrendo em nível de comunicação inconsciente. É claro que esta não é uma idéia nova; Freud disse isso. Sempre aponto seus dois artigos enciclopédicos, de 1923, nos quais ele faz a exposição mais clara de todas, na minha opinião, sobre a técnica da sua teoria, nos quais descreve a relação entre livre associação e atenção uniformemente flutuante.

É muito importante, penso, também para aqueles que são muito interessados no trabalho de Bion, ver a declaração anterior de Freud, porque é semelhante à declaração de Bion, de que o psicanalista deveria passar sem memória e desejo. Freud é ainda mais específico. Ele diz, na declaração sobre a atenção uniformemente flutuante, que o analista deve render-se à sua própria atividade mental inconsciente. Isto é, não se concentrar em nada em particular, não ter expectativas, não refletir sobre nada, e ele conclui esta declaração dizendo: "e, desta forma, pegar a tendência do inconsciente do paciente com seu próprio inconsciente".

Freud é completamente claro: "a psicanálise funciona em um nível de comunicação inconsciente". Deveríamos colocar esta frase na nossa parede e lê-la todos os dias, porque há muito movimento na direção da consciência na psicanálise.

Por meio da ilusão da interpretação aqui e agora da transferência, começamos a acreditar que podemos interpretar o presente, que podemos realmente interferir aqui e agora no que está acontecendo entre o paciente e nós mesmos. Na perspectiva psicanalítica, isto é impossível, total e completamente impossível. E o fato de acreditarmos que podemos fazê-lo é, na verdade, antipsicanalítico; é como se estivéssemos pegando Freud e o jogando pela janela.

A técnica de Bion é profundamente freudiana, profundamente. Bion é um retorno a Freud de um modo muito inteligente. Ele tinha de ser muito esperto, porque começou sendo kleiniano e passou a ser freudiano. E fez isso de maneira que os kleinianos acham que ele é o seu herói; isso é muito, muito esperto. Mas ele não fez interpretações de transferência aqui e agora, não organizou o movimento do paciente entre o *self* e o "outro" na interpretação.

Precisamos, então, ver como, no conceito da interpretação aqui e agora, na interpretação da transferência, partimos, inadvertidamente, da nossa relação com o inconsciente e nos dirigimos para uma teoria de consciência, porque você pode transpor a narrativa do paciente para a transferência.

Se o paciente está falando de sair na rua, visitar alguém, fazer alguma outra coisa, podemos dizer: esta parte é em relação a mim, aquela parte é em relação a mim. Esta é uma tradução em um nível consciente, imediatamente percebida pelo paciente, imediatamente traduzida, imediatamente falada. Isto é um ataque ao inconsciente, é o fim da comunicação inconsciente. E temos de ver o disparate na psicanálise que, por um lado, apóia Bion, no qual toda a mentalidade e teoria estão em oposição a este modo de trabalhar, e de outro acredita que esta é a forma de se trabalhar. É o que chamamos cisão vertical; não há ligação, nem mesmo uma percepção da oposição, da incompatibilidade destas duas formas de pensar, que dirá de trabalhar. As cisões verticais não são boas para a sua formação psicanalítica. O melhor é ver a contradição e tentar o doloroso e importante processo de elaborar isso. Porque, infelizmente, muitas pessoas aprenderam esta técnica de fazer a interpretação da transferência no aqui e agora. E as gerações estão trabalhando sem a percepção de o quanto é um tipo de behaviorismo que conseguiu entrar na psicanálise. E isto é muito lamentável, porque não está permitindo níveis mais profundos de comunicação inconsciente.

RP – E seria outra maneira de, novamente, perder contato com o método da livre associação?
CB – Sim, com certeza.

RP – Bem, disse antes que era uma satisfação tê-lo aqui e o repito. Este encontro foi muito interessante, instigante e enriquecedor para todos nós. Obrigado.
CB – Obrigado. Eu também gostei muito.

Transcrição e tradução: Gisele Braga
1ª revisão técnica: Jussara Schestatsky Dal Zot
2ª revisão técnica: Rose Eliane Starosta

© *Revista de Psicanálise – SPPA*

Antonino Ferro

Antonino Ferro nasceu em Palermo, Itália, em 1947. Médico, psiquiatra e psicanalista de crianças, adolescentes e adultos, é membro efetivo e analista didata da Sociedade Italiana de Psicanálise. Especializou-se em psiquiatria em Pávia, cidade onde reside e trabalha atualmente. É professor de semiologia psiquiátrica na Universitá Statale de Milão, já tendo escrito mais de trinta artigos sobre clínica, técnica e teoria da técnica, publicados na Itália e nas mais respeitadas revistas de psicanálise do mundo. É autor de três livros, todos traduzidos para o português: *A Técnica na Psicanálise Infantil* (1995), em que, partindo dos conceitos de campo, de autoria de Willy e Madeleine Baranger e das idéias de Bion, chega a uma nova conceituação dos personagens e fatos da sessão, que passam a expressar a interação entre o funcionamento mental do analista e do paciente; *Na Sala de Análise: emoções, relatos e transformações* (1997), com o qual ganhou o Prêmio Gradiva de melhor livro italiano de psicanálise, em que discute temas como critérios de analisabilidade, transformações que ocorrem durante a sessão, impasse e reação terapêutica negativa; *A Psicanálise como Literatura e Terapia* (1999), em que considera os nexos entre narração e interpretação no interior da sessão.

Concedeu a seguinte entrevista em 11/11/1998 aos drs. Anette B. Luz, Carmem Keidann, José Carlos Calich, Jussara S. Dal Zot, Mauro Gus, Patrícia Fabrício Lago, Paulo Oscar Teitelbaum, Raul Hartke e Ruggero Levy.

Sociedade Psicanalítica de Porto Alegre

RP – Dr. Ferro, para começar, gostaríamos que o senhor nos contasse um pouco de sua trajetória pessoal como psicanalista, sua formação, os caminhos percorridos, como o senhor chegou à sua condição atual.

AF – Eu tive uma trajetória particular. Nasci na Sicília, em Palermo, onde existe um grupo de analistas um pouco diferente em relação ao resto da Itália. Foi um dos primeiros grupos psicanalíticos, fundado pela esposa do escritor Tommasi de Lampedusa, autor de *Il Gattopardo*. Ela era uma princesa do Báltico, creio que da Lituânia, que havia feito análise em Berlim e supervisões com Karl Abraham e que depois foi à Sicília, casou-se com o Príncipe Tommasi de Lampedusa e lá fundou esse grupo psicanalítico em Palermo. Depois, essa princesa foi, uma ou duas vezes, presidente da Sociedade Italiana de Psicanálise. O grupo de Palermo foi o primeiro a traduzir e introduzir Bion na Itália. Quanto a mim, terminada a Universidade de Medicina, em Palermo, me mudei para Pávia, onde comecei minha análise com um analista que, por sua vez, estava se mudando de Palermo para Milão. Portanto, fiz esta análise baseada num jeito muito mediterrâneo de viver Bion. Existe uma leitura italiana de Bion que, acredito, é muito diferente de outras. Minha sorte foi ter sido deixado muito livre na minha formação. Eu fiz uma primeira supervisão com uma analista que eu definiria como pós-kleiniana. Depois fiz uma supervisão com um analista que se inspirava muito em Bion e se ocupava de grupos. Ele tinha, portanto, a tendência a observar muito as formas grupais presentes na sessão. Posteriormente fiz supervisões com dois analistas que haviam se formado em Londres. Eles eram kleinianos, mas muito diferentes entre si, com duas maneiras bem diferentes de trabalhar. Um deles tinha um modo mais classicamente kleiniano, de interpretar em termos de fantasia inconsciente corpórea. Já o outro, que havia trabalhado com Martha Harris, interpretava muito mais em termos da relação. A seguir fiz uma supervisão que para mim foi muito importante, com uma ótima analista italiana, que é freudiana clássica. Eu acredito que, para mim, o mais importante foi não ter sido nunca obstaculizado nessas pesquisas. Acredito que não tenham nunca me dito: "Deves fazer supervisão com este ou aquele, porque deves seguir este ou aquele modelo, etc...". Isto foi muito importante, pois o meu problema era: "Mas por que um analista trabalha de uma maneira e outro de outra"?.

Conseguir entender os vários modelos profundamente permitiu-me ter um grande respeito por cada um, desde que usado de modo coerente, até um certo momento em que fui capaz de poder organizar um modelo que eu julgo bastante meu.

Aqueles eram anos, na Itália, em que muitas pessoas vinham de fora fazer supervisões. Portanto era comum, como candidatos, podermos marcar encontros com Rosenfeld, com Meltzer, com Brenmann, com Bick. Esse contato com vários analistas também me auxiliou a entender como cada um trabalhava dentro de um determinado modelo e me marcou muito descobrir que, em cada modelo, os personagens eram usados e entendidos de maneiras diferentes. Fazendo uma generalização muito ampla: digamos que, para um colega freudiano, quando o paciente falava do pai ou de um fato acontecido na infância, esses fatos e esses personagens eram considerados como personagens reais, dos quais se estava falando no romance infantil. Enquanto que, em outro modelo, mais kleiniano, geralmente os personagens eram vistos como objetos internos ou como objetos internos projetados ou como aspectos da mente. E em outros ainda, como movimentos grupais dentro da sessão, entre analista e paciente.

Esse foi, talvez, um primeiro ponto que me interessou e o meu primeiro trabalho publicado no Brasil. "Dois personagens à procura de um autor" tem a ver justamente com este interesse: como o analista pode pensar nos personagens que entram em cena na sessão? Ao mesmo tempo, me interessei pela semiologia e pela narrativa, descobrindo que havia um percurso análogo, também no modo de entender os personagens nos textos literários. Um modo que tendia a ver os novos personagens como tendo uma psicologia própria, cada personagem no romance como uma pessoa, com suas características próprias. Depois, uma outra maneira, que acompanhou o desenvolvimento do estruturalismo e que via os personagens como algo que servia para o desenvolvimento da ação narrativa: A e B querem se casar e C impede, e aqui começa o desenvolvimento da narrativa. Portanto, alguma coisa semelhante aos vários movimentos das fantasias inconscientes, dos objetos internos, que existem no segundo modo de ver os personagens.

Para mim houve uma descoberta extraordinária, o livro de Umberto Eco, *Lector in Fabula*, no qual ele mostra como não existe um texto que funcione sozinho, é necessária a contínua inter-relação entre leitor e texto. E que é o próprio leitor que, de alguma forma, constrói o texto, e o texto diz ao leitor como deve ser construído, numa espécie de relação constante e não saturada, entre os dois. Assim, foi muito marcante para mim perceber essa analogia entre os modelos para entender os personagens na psicanálise e no decorrer da narrativa.

Outro momento importante foi o da descoberta dos conceitos de campo psicanalítico, com os quais tomei contato, primeiro, por intermédio das obras e, depois, por Madeleine e Willy Baranger. Esses conceitos foram colocados com os de Bion e, portanto, a minha maneira de ver o campo, que nasceu das conceitualizações de Madeleine e Willy Baranger, acabou tornando-se algo bastante diferente. É algo não saturado.

Aqui começou também, para mim, a valorização das interpretações não saturadas, daquelas interpretações mais narrativas, que derivavam da experiência da análise com crianças, nas quais, realmente, se brinca com os personagens. Eu me perguntava por que não posso brincar com o personagem "sogra" exatamente como brinco com o personagem tigre. E, depois, cada vez mais me apaixonei por estudar profundamente Bion, que certamente possui raízes profundas nos pensamentos de Freud e Klein, mas que, na minha opinião, representa um salto em relação ao pensamento desses autores.

A partir deste momento, tive o desejo de aprofundar, do ponto de vista teórico, alguns aspectos que eu observava na clínica. Como, por exemplo, as constantes sinalizações que o paciente apresenta em relação àquilo que está ocorrendo na sessão e, a partir disso, a conceitualização dos derivados narrativos dos elementos alfa.

Gostaria de assinalar que, por narrativa, eu não entendo um relato, mas, sim, acrescentar às transformações de Bion algo que eu chamaria de transformações narrativas. Um exemplo seria o caso de um paciente extremamente violento, para quem eu havia procurado interpretar essa agressividade de todas as formas possíveis e imagináveis e ao qual, em certo momento, me ocorreu dizer: "Me parece estar com o senhor em um saloon, de um filme de faroeste, quando cai um copo e todos começam a atirar". Foi essa a primeira vez que conseguimos nos encontrar em sintonia, e, depois, continuamos por longo tempo a falar sobre essa violência e agressividade utilizando os filmes de faroeste. E imaginei que, no fundo, estas imagens são o fruto de rêverie que derivam do resultado de poder assumir para si as identificações projetivas do paciente.

RP – Essa forma de ver os personagens da sessão, como uma narrativa do que ocorre na atualidade relacional, ou seja, esse ângulo privilegiado de um dos vértices, não corre o risco de introduzir um novo viés no trabalho analítico, excluindo a escuta pessoal (decorrente da subjetividade individual) e as distorções da escuta provocadas pela história do paciente? Dito de outra forma: o que o paciente escuta não poderá estar ora distorcido por sua história, ora refletir eventos relacionais e ora distorcer os próprios eventos relacionais? E do ponto de vista do analista, deverá ele ter eqüidistância entre os vértices de escuta ou privilegiar o vértice relacional?

AF – Acredito que, de um certo ponto de vista, a história do paciente inevitavelmente entra no campo e torna-se uma história viva, que vemos pulsar dentro da sala de análise e sobre a qual podemos operar transformações. E acredito que essas operações, na atualidade do campo e da relação, passam, depois, a fazer parte, transformadas, do mundo interno do paciente.

Não tenho dúvidas de que o paciente, em sessão, veja as coisas, do ponto de vista dele próprio, distorcidas com suas próprias sensibilidades, que são diferentes das nossas. Deve haver, antes de mais nada, respeito, para que eu possa ir ao mundo do paciente, tentar ver as coisas do seu ponto de vista. E depois operar um conjunto de transformações. Vamos imaginar o desenho a seguir:

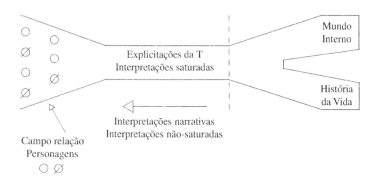

É como se esta fosse a região, digamos o campo, com os vários personagens que existem no campo. E esses personagens podem pertencer ao paciente, ao analista, ou podem pertencer em parte ao analista e em parte ao paciente. Nesse nível de funcionamento é possível fazer interpretações até entre esses personagens. Ou então captar aquilo que eu chamo de G, como a G do Roscharch, captar a global emocional presente no campo. É como se eu tivesse, especialmente no primeiro livro, falado disso, porque era isso que eu queria focalizar, mas deixando implícito que o restante nos pertence. É o que faz a nossa história, o nosso máximo denominador comum. E assim acredito que, em cada análise, há momentos em que, dessa situação mais alargada, de campo, se passe a uma situação mais estreita, que é justamente aquela da explicitação relacional, na qual as interpretações não mais são insaturadas e narrativas como eram aqui (extremidade alargada à esquerda no desenho), mas são explicitações saturadas e interpretações de transferência. Temos depois outras duas salas, que é a sala do mundo interior do paciente, e algumas vezes, certamente me acontece de fazer interpretações do mundo interior do paciente.

Como também existe outro quarto, que é o quarto da história de vida do paciente.

Agora, como meu modelo pessoal, a parte da casa na qual prefiro morar é mais esta do campo e da relação (à esquerda). Mas não há dúvida de que eu me movimento, ao longo de uma análise, por todas as salas. Ou seja, não existe uma análise na qual eu não faça, também, interpretações sobre o mundo interior do paciente e na qual, em certo momento, eu não faça alguma reconstrução histórica.

Acredito que cada analista tem o direito de fazer uma análise morando dentro da própria casa, no quarto que preferir. Mas estou convencido de que uma análise baseada totalmente na reconstrução da história infantil não tem nessa reconstrução o fator terapêutico, mas, sim, no fato de o analista, sem saber, estar captando angústias que transforma em uma narrativa em relação à infância, ou seja, toma elementos beta e os transforma em elementos alfa. Ele não sabe que está fazendo, mas está fazendo. Acredito que o funcionamento mental do analista, em qualquer modelo, é igualmente importante tanto quanto o funcionamento mental do paciente.

RP – A propósito disso, os atributos necessários para o analista poder oferecer ao paciente a continência necessária (capacidade negativa, intuição, capacidade de rêverie) são, em sua opinião, capacidades desenvolvidas em sua formação, ou são características inatas do analista?

AF – Esta é uma pergunta de um milhão de dólares! Eu acredito ser fundamental uma boa análise do analista. E que esta seja uma análise realmente profunda. E é importante que o analista não pense que fez uma análise definitiva, mas que possa continuar sempre um trabalho de auto-análise, toda vez que se fizer necessário, tanto na vida profissional como na vida pessoal. Não se pode esquecer de que o analista é também uma pessoa e não somente um psicanalista. Para que haja um analista é necessário que haja um analista, um paciente e um *setting*. Na inexistência destas três coisas, um analista é um ser humano como qualquer outro. E o mesmo vale, na minha opinião, para a análise aplicada. Nós depositamos aí as nossas competências culturais e antropológicas, alguma coisa que sabemos da psicanálise, mas o psicanalista, para ser um psicanalista com P maiúsculo, necessita da presença de um analista, um paciente e um *setting*.

Assim, além de uma análise profunda, do papel da auto-análise (que acredito dever continuar por toda a vida), de um trabalho comparativo com os colegas, de supervisão e de participação ativa na vida societária, eu acredito que haja, também, uma questão de habilidade pessoal. Pode-se ir, por exemplo, a um ótimo alfaiate, que pode fazer um ótimo trabalho e que pode, também, de certa maneira ajudar a tecer o tecido, mas um "estofo de base" é necessário.

RP – O senhor tem dito que não é o insight *nem o conhecimento que são terapêuticos numa análise, mas, sim, a experiência emocional transformadora. Gostaríamos que o senhor expandisse esta sua concepção acerca dos elementos responsáveis pelo efeito terapêutico.*

AF – Quero frisar que não estou me referindo à experiência emocional corretiva, uma "boa" relação, gratificante, ao modo de Alexander, mas, sim, a uma experiência emocional transformadora, na qual acontecem transformações daqueles que são os aspectos mais primitivos do paciente, de suas próprias emoções e, sobretudo, uma progressiva introjeção do método para se fazer isso. Ou seja, não resta dúvida de que, nas várias "salas", existe uma idéia diferente de fator terapêutico. Na sala histórica, o fator terapêutico é tirar da repressão. Na sala do mundo interior, substancialmente, é mostrar como as fantasias inconscientes são diferentes e distorcem a realidade. Na sala da relação, existe a idéia de poder tornar cada vez mais explícitas, e também transformadas de certa forma, as emoções profundas do paciente, porém dando relevante importância à explicitação dos conteúdos.

Mas no quarto mais à esquerda, acredito que o mais importante seja favorecer, no paciente, o desenvolvimento da capacidade de pensar. O mais importante é o desenvolvimento da função alfa do paciente e o desenvolvimento do aparelho para pensar os pensamentos, que eu, de alguma maneira, chamo de capacidade narrativa e transformadora da mente, desenvolvendo sua criatividade. Se nós conseguimos dar ao paciente isso, depois ele próprio, os conduzirá.

RP – Dentro disso o papel da interpretação, então, é um papel ativo, um papel de ação? Há uma ação na interpretação?
AF – Eu acredito que, antes, deve haver uma parte receptiva, a rêverie do analista, a capacidade de estar em uníssono com o paciente. Mais do que ter na mente uma verdade para entregar ao paciente, me parece importante permitir, na sessão, o desenvolvimento de um continente que permita ao paciente entender o que dizemos como fator de crescimento e não de perseguição. Depois disso tudo, acredito que haja uma parte ativa da interpretação com interpretações ativas de conteúdo não-saturado.

RP – O senhor acha que o modelo a ser mais aplicado, ou a sala que vai ser mais "habitada" em uma análise, também depende do paciente, do tipo de patologia, da gravidade do quadro?
AF – Eu costumava dizer, diante de um caso de reanálise: "Bom, finalmente, poderei trabalhar diretamente com interpretações de transferência, somente com interpretações saturadas, e vamos galopar...". Nesses casos, sempre caí do cavalo. No sentido de que, inevitavelmente, o paciente nos conduz a aspectos mais regressivos que necessitam do desenvolvimento do continente, antes de poder se dirigir ao conteúdo.

Eu não acredito que o analista é o continente. Conteúdo e continente são aspectos da mente, jogados em igual medida por analista e paciente. Há uma passagem belíssima de Bion em *Aprender com a Experiência*, na qual ele fala do desenvolvimento do continente e do desenvolvimento do conteúdo. E se refere ao continente como o retículo do qual Elliot Jaques fala, dizendo que os fios do retículo são constituídos pelas emoções. Acredito, então, que são as emoções existentes entre analista e paciente que depois podem constituir, realmente, este retículo. E que muitas vezes, não necessariamente sempre, passam por interpretações não-saturadas. Por exemplo, dizer:

"Como é terrível ter uma mãe que..." não pensando em fazer uma interpretação extratransferencial, mas captando, por intermédio de um personagem, uma emoção presente no campo.

Bion diz algo que me parece precioso. Quando ocorre um desenvolvimento de continente adequado, em um certo ponto o conteúdo explode. Salta para dentro do continente de forma extraordinária. Ou seja, quando um paciente desenvolveu suficientemente uma capacidade continente, aquelas que eram partes cindidas, que deviam de ficar de fora, em um certo momento, quase sem necessidade de interpretá-las, são sugadas para dentro da sessão, da análise.

Devo dizer, também, que existe o problema inverso. Por exemplo, certos pacientes com estrutura fortemente simbiótica precisam de "265" interpretações de transferência por minuto, pois sentem esta necessidade. Então é necessário o processo inverso: conseguir, progressivamente, que o paciente suporte o silêncio, que suporte a espera. Como um paciente gravemente traumatizado, ou um paciente abusado, provavelmente que não tolera o toque, pois é como se ele estivesse sem pele.

RP – Para finalizar, gostaríamos que o senhor nos falasse um pouco sobre a sua visão da psicanálise neste fim de século e suas perspectivas futuras. E na Itália, particularmente, como está a psicanálise hoje?

AF – Eu tenho uma grande confiança e uma grande esperança na psicanálise na Europa. Acredito que devemos evitar que a psicanálise se calcifique, se mumifique e que vire uma religião.

É importante que sejamos gratos a quem nos precedeu, pelo quanto nos deram, pelos instrumentos e pelo método que nos legaram. Mas que se possa pensar na psicanálise como uma ciência, que tem o direito, como todas as outras ciências, de progredir e desenvolver-se. Acontece seguidamente, quando apresento algum trabalho, que algum colega diga: "Mas já Freud, em 1912, havia dito isso...", como se tudo devesse remeter a uma "Bíblia Freud".

Eu comecei como neuroquímico, depois fui um pouco bioquímico. E aquilo que mais me fascinou foi que, quando fazíamos trabalhos de neuroquímica, olhávamos a literatura dos últimos cinco anos, somente dos últimos cinco anos. Passando depois a ser psicanalista, fiquei surpreso com este aspecto um pouco religioso: " Em 1907.....". Essa, para mim foi uma mudança surpreendente. Acredito que é importante confirmarmos nossas raízes, mas devemos pensar, como diz Bion, que a análise é uma sonda que expande sempre o campo que investiga. Eu penso na psicanálise no futuro e estou muito curioso sobre como conseguiremos fazê-la progredir. Existem desafios na psicanálise, com as patologias narcisistas e *borderlines*, as análises de crianças, os pacientes psicóticos. Porém, na minha opinião, devemos ousar, ir adiante. E esperar que logo surja um novo Bion, um novo isso, um novo aquilo. Ou seja, que a análise possa, realmente, expandir-se.

A situação da análise na Itália caracteriza-se por não existir um modelo que prevaleça, não sei se por sorte ou azar. Em cada centro há analistas mais freudianos, mais kleinianos, winicottianos, que se inspiram em Bion, mas que nunca formaram grupos muito estreitos. Você pode fazer uma análise kleiniana e a supervisão com alguém que se inspira em Winicott, por exemplo. Na Itália, temos um grande azar, que é o idioma. Portanto somos grandes importadores de psicanálise, ou seja, traduz-se muita coisa do exterior. Temos um nível de exportação muito baixo, pois existe um fator cultural que é o fato de os italianos não conhecerem idiomas. São somente as novas gerações que, agora, desde o primário, estudam obrigatoriamente inglês.

Quando eu fiz meus estudos, começava-se a estudar línguas mais tarde e quase sempre o francês. Assim, existe esse problema de conseguir exportar as coisas ricas que existem na psicanálise italiana. Espero que no futuro isso possa ocorrer. Existe esta dominação da língua inglesa, que para nós, que falamos um idioma menos universal, é um grande problema.

RP – Muito obrigado.

Tradutora: Sofia Matsuo
Revisão Técnica: Viviane Mondrzak e Paulo Oscar Teitelbaum

André Green

André Green nasceu na cidade do Cairo em 1927, tendo aí vivido sua infância e parte da adolescência na comunidade judaica sefaradim. Em 1946, mudou-se para Paris, formou-se em Medicina e decidiu dedicar-se à psiquiatria. O interesse crescente pela psicanálise levou-o a realizar formação analítica na Sociedade Psicanalítica de Paris, na qual se tornou analista didata e um dos membros mais proeminentes. O conjunto de sua obra constitui parcela significativa da atualmente chamada Escola Francesa de Psicanálise. Suas reflexões teóricas buscam uma ampliação da metapsicologia freudiana, mas valem-se também de autores como Bion, Winnicott e Lacan, mantendo sobre esse último considerável reserva crítica. Sua obra é extensa, destacando-se temas como a questão do afeto como componente da pulsão, o trabalho do negativo e a função desobjetalizante na pulsão de morte. Entre seus textos mais conhecidos estão O discurso vivo, Narcisismo de vida e narcisismo de morte, Sobre a loucura pessoal, Conferências brasileiras, O psicanalista engajado, O Desligamento e O Complexo de castração.

Em 30/8/1994 concedeu, na sede da SPPA, a seguinte entrevista aos drs. Cláudio L. Eizirik, Jussara S. Dal Zot, Manuel Pires dos Santos, Mauro Gus, Paulo Figueiredo, Paulo H. Favalli e Raul Hartke.

RP – Desde o fim da década de cinqüenta, a metapsicologia freudiana foi severamente criticada, no início pelos filósofos do positivismo lógico e mais tarde por importantes psicanalistas como M. Gill e G. Klein. Em sua opinião, que lugar ocupa a metapsicologia freudiana atualmente?

AG – As críticas de Wittgenstein, que eu saiba, não eram dirigidas à metapsicologia. Não creio que ele atentasse muito a ela. Penso que suas críticas eram principalmente dirigidas ao método de interpretação de Freud. As interpretações freudianas eram, aos seus olhos, demasiadamente convincentes. Mas, quando disse isso, naturalmente tinha em mente que elas não eram convincentes, porque acreditava que a maneira de pensar de Freud, tão diferente daquela dos filósofos, não possuía procedimentos de testagem e de verificação, como ele mesmo tinha com sua análise da linguagem.

Penso, portanto, que, no que concerne ao positivismo lógico, a verdadeira questão repousa em uma análise da concepção da linguagem na psicanálise e em sua filosofia de positivismo lógico, ou seja, até que ponto podemos pretender que a lógica seja uma maneira de entender o pensamento humano. Essa tradição origina-se da filosofia e, acredito, até onde alcança minha compreensão, até meu ponto de competência nessa matéria, surgiu após uma importante divisão ocorrida depois da filosofia de Hüsserl. Depois dele, por um lado, tivemos Heiddeger, com a queda de Hüsserl e, por outro, o positivismo lógico com Wittgenstein. É interessante notar que, ao final, o esforço para vermos o que as palavras significam realmente, o que queremos realmente dizer quando as usamos, conduz à conclusão, juntamente com os lingüistas, que a linguagem em si mesma não possui critérios da verdade. A linguagem é uma organização do homem que, para começar, deve produzir sentido e a idéia é que essa produção seja ampliada a partir da pessoa com quem se fala; outras propostas de significados serão assim refletidas.

Existem movimentos, como por exemplo, no campo da linguagem, o pragmatismo, com John Searles, que, em alguma extensão, se aproxima mais de Wittgenstein que da psicanálise. Mas, com certeza, essas pessoas recusam destronar o poder da linguagem e dizer o quanto ela é influenciada por aquilo que pensamos que seja importante, ou seja, o inconsciente, e ainda pelo que determina o inconsciente: as pulsões, segundo o pensamento de Freud. O que devemos questionar, portanto, é esta concepção que considera apenas o que é lógico no homem e que deixa ao largo todas as partes ilógicas e irracionais. O que fez Freud, e ele foi o único, foi tentar produzir uma teoria centrada na inter-relação do irracional com o racional. Não é apenas uma teoria do irracional; ela tenta correlacionar ambos. Agora vemos isso na atualidade, nas ciências cognitivas, ou mesmo nas concepções das neurociências. É exatamente a mesma coisa se usarmos o modelo do computador ou das ciências cognitivas, o começo é sempre baseado na teoria da informação, em um esforço por considerar apenas os aspectos lógicos. Quando alguns dos filósofos da ciência, que baseiam seus estudos nas neurociências, são perguntados: "Mas o que vocês fazem com as crenças e os desejos das pessoas?", eles ficam muito embaraçados e por isso concluem que essas coisas não existem. Isso é o que se chama "eliminativismo".

A verdadeira questão, portanto, é um problema de lógica. Como costumo dizer, em uma teoria da atividade psíquica e sua relação com a ciência, existem duas partes: a teoria da ciência e a teoria do sujeito que produz ciência, o qual tem de responder pelo funcionamento científico e não-científico que coexistem na mesma pessoa. Agora, se levarmos em conta a discussão entre Fodor e Putman, veremos que a questão levantada é a da representação. Para os teóricos das ciências cognitivas, representação é aquilo que uma máquina pode registrar. Hilary Putman diz que, para ele, como teórico de lógica, a interpretação está incluída na representação e não se pode separar uma da outra.

Em minha opinião, a verdadeira crítica da década de 1960 à metapsicologia veio dos psicólogos, que eram completamente incapazes de aceitar a idéia de uma metapsicologia. Por quê? Porque eles sabem apenas psicologia! É impossível para eles aceitarem a idéia de que Freud descreve hipoteticamente algo que está além da observação, que não pode ser alcançado pela observação e que ele considera como mecanismo psíquico algo que não pode ser lidado pela psicologia. Os psicólogos usam, por exemplo, conceitos como motivação ou comportamento: há uma enorme diferença entre motivação e desejo, entre comportamento e função psíquica. Ainda que George Klein fosse um crítico de Hartmann, e acredito que está certo, porque o modelo de Hartmann é simplificador, ele mesmo não pode fornecer com clareza uma boa teoria inconsciente. Apenas Gill, que fez um enorme esforço para compreender a psicologia – a metapsicologia em primeiro lugar – veio a campo mais tarde e disse que ela deveria ser totalmente rejeitada. Porque o maior problema em psicanálise é determinar o que é relacionado ao significado e o que é relacionado aos determinantes corporais, que não podem ser considerados "significativos" da mesma maneira que quando falamos da significação.

Do ponto de vista de um francês, as críticas de Gil e Klein, ainda que ensejem o debate, são piores que a metapsicologia, com todos os seus enigmas, mistérios e hipóteses sem comprovação. Isso significa que desistimos dos assim chamados enfoques realísticos. Os americanos são obcecados pela realidade, mas nunca encontramos uma alusão ao que seja o desejo. Se eles se inclinam à psicologia, é uma psicologia muito pragmática, há um ódio da especulação, uma desconfiança da especulação, uma aversão à especulação, uma intolerância às idéias que não sejam unívocas. Isso é um – assim chamado – espírito científico que não tem nada a ver com psicanálise e no qual tentam escapar disso e fazer outra coisa, chegando apenas ao enfoque psicológico que nomeei anteriormente e que não tem utilidade. Mesmo indo além, existem alguns pensadores que tentaram promover outra maneira de pensar, como Roy Schafer, ele tem a idéia da ação da linguagem, que é um modelo baseado na ação. Então eles querem ação, eles não querem pulsões! Bem, para discutir isso seria necessária uma longa oportunidade e, com certeza, admitir que a ação possa ser considerada como o mais próximo modelo para a pulsão. Mas é exatamente o contrário! Uma pulsão é uma ação internalizada que impulsiona à ação. Parece que essa idéia não pode ser aceita pelos americanos. Mas é verdade que hoje em dia nossos congressos da API (Associação Psicanalítica Internacional) não nos dão qualquer oportunidade para debater o assunto em extensão. Porque as pessoas temem derramamento de sangue.

Mas, de qualquer forma, se dermos às pessoas tempo suficiente, elas poderão explicar isso teoricamente. O importante é entender que a hipótese biológica de Freud, que hoje é rejeitada por todos, não foi substituída por outra com a mesma capacidade de explicação. É preciso aceitar as contradições. Freud lançou uma série de hipóteses que pensou que fossem biológicas, mas nunca firmou o mais débil compromisso do ponto de vista biológico. Sempre disse que, para ele, nenhuma descrição era boa o suficiente para explicar o que ele descrevia. Mas manteve a hipótese biológica e não se perturbou por isso. Foi capaz de mantê-la em segundo plano e dizer: "Vamos ver o que irá acontecer!". Mas, na atualidade, bem, nós a descreveríamos como psíquica.

O que sucede agora? Eles (os americanos) não aceitam a descrição de Freud e o que oferecem é uma espécie de psicologia sem vida, sem inconsciente ou com um inconsciente muito formal. Não sei como conseguem pensar em tal concepção porque, como disse antes, se vocês querem sua teoria com alguma consistência, liguem a TV e perguntem-se o que está acontecendo na tela e o que está acontecendo em sua teoria. Foi assim que Freud fez. O importante para Freud não foi o bebê. Foi a observação daquilo que os homens estavam fazendo, o que procuravam, atrás do que estavam correndo. É claro que, então, voltou à base, ao campo clínico, e como poderia ver este, o campo clínico, como uma espécie de exemplo. Mas Freud nunca disse que todo conhecimento da psicanálise deveria derivar-se da clínica.

RP – Depois da morte de Freud, a psicanálise desmembrou-se em diversas teorias, a partir do freudismo original, que se desenvolveram em suas próprias bases até se tornarem, hoje, escolas psicanalíticas (escola kleiniana, psicologia do ego, etc.). Em sua opinião, como se situa a psicanálise francesa em relação às assim chamadas "escolas psicanalíticas"? E a obra de Lacan?

AG – A situação da psicanálise francesa na atualidade é bastante interessante. Se considerarmos o que aconteceu no passado com o povo da Europa Central ao tentar escapar dos nazistas, veremos que não se estabeleceram na França por duas razões. Uma delas é óbvia, por causa da guerra e da invasão da França, de onde teriam de sair de novo, também porque as autoridades francesas não eram muito receptivas e não ofereciam facilidades. Houve alguns que tentaram, por exemplo, os que fizeram a guerra sob o uniforme francês em 1940...

RP – Que tentaram a França, antes de irem para os Estados Unidos...

AG – Sim e analisaram Nacht, Lacan e alguns outros... A originalidade da psicanálise francesa deve-se a ela ter tido dois inícios. Teve um início no período de 1926 até a guerra, foi interrompida durante a guerra e reiniciou em 1949, enquanto que na Inglaterra e também na América a psicanálise prosseguiu. Sabemos que, na América, os psicanalistas trabalharam nas universidades, onde os caminhos estavam abertos e existiam contribuições, instituições e assim por diante. Tudo isso teve por resultado o fato de, por ocasião do novo começo, os franceses não terem ninguém para transmitir a experiência da Europa Central, da psicanálise que era feita na Áustria, na Alemanha e na Hungria. A única pessoa próxima a Freud era a princesa Marie Bonaparte. Isso criou uma surpreendente situação. Como na França não tínhamos nenhum dos discípulos de Freud para nos ensinar e treinar, tivemos de construir um Freud inteiramente novo. Uma imagem de Freud que pudesse ser esboçada a partir do seu trabalho. Os franceses tinham um conhecimento de filosofia, que é incluída na escola secundária... sei que existem muitos outros países onde a filosofia é incluída na escola secundária...

Alguns dos franceses, então, seguiram o jeito americano, mas não tão intensamente. Lacan veio e trouxe um renascimento ao estudo de Freud, no que seria uma espécie de leitura como um filósofo. Não uma leitura rápida, não uma leitura superficial, mas atenta a cada detalhe. Os que estavam no primeiro grupo chamaram a isso de um retorno a Freud. Por fim, Lacan desenvolveu sua própria visão e obviamente o que disse era muito diferente do que Freud havia dito. Isso se tornou o que vocês conhecem por lacanismo. Em duas palavras, eu diria que Lacan teve uma importante influência, primeiro porque era uma pessoa muito difícil e, segundo, por haver decidido lutar em campo público e, com isso, filósofos, pensadores e escritores agruparam-se em torno dele. Sofreu influência deles e, com certeza, foi esperto o bastante para apresentar-lhes uma concepção do inconsciente que se adaptava exatamente ao intelectual. Se vocês disserem que o inconsciente é estruturado como uma linguagem, com certeza todos os profissionais da linguagem irão pensar que podem lidar com o inconsciente porque a linguagem é sua ferramenta e seu trabalho. E era, decerto, uma teoria muito sedutora, por ser sofisticada, mas é claro que sabemos como Lacan arruinou a clínica psicanalítica assim como seus seguidores continuam a arruiná-la.

Acredito que, por isso, acontecerá, ao final, que a teoria de Lacan será feita em pedaços, assim como as demais teorias, se forem ameaçadas pelos mesmos fatos. Mas o que aconteceu, creio, é que temos o que chamo de uma teoria pós-lacaniana, visto que todas as pessoas na França que contribuíram significativamente para o avanço da teoria foram, em algum momento, lacanianos, mas liberaram-se de Lacan. Alguns ainda incluem certa quantidade de teoria lacaniana. Outros, diversamente, estão tentando integrar aspectos da teoria psicanalítica que aprenderam com Melanie Klein, Bion, Winnicott.

Penso que, se quiserem compreender o que é a psicanálise francesa, devem levar em consideração que, desde os velhos tempos, existe uma forte resistência à psicanálise americana, mesmo a essa psicologia, que tem sido considerada como uma interpretação do trabalho de Freud completamente esvaziada, sem interesse, sem vida e que foi construída sobre a psicologia, novamente a psicologia! E tudo sobre o que falaram as ciências, modernas são variações desse mesmo tema. A maioria delas acredita que a psicanálise deve ser muito claramente distinguida da psicologia. Essa é uma característica. A segunda é que os franceses se opunham a uma supersimplificação do trabalho de Freud. Estudaram Freud não como filósofos e pensam que o trabalho de Freud é que se chama *une oeuvre de pensé*, que significa um trabalho do pensamento, e que – ainda que muitos dos postulados de Freud sejam questionados ou até eventualmente descartados ou desconsiderados – a maneira de funcionar da mente de Freud permanece para muitos de nós um modelo do pensar, mesmo que adotemos hoje em dia outras atitudes e cheguemos a diferentes conclusões. Por isso continuamos a estudar Freud, e posso dar-lhes um exemplo muito simples: existem trabalhos que já li trinta vezes e ainda encontro neles alguma coisa. Nenhum outro autor resiste a tal tratamento, ao menos, é claro, que não se queira saber do que ele fala.

RP – Quais artigos, por exemplo?

AG – "Negation"[1], por exemplo. Posso dizer-lhes, como exemplo, que antes de vir para a América Latina li o "Outline"[2] provavelmente pela trigésima vez e achei novos aspectos que me haviam escapado. Vou possivelmente usá-lo no seminário no Instituto de Psicanálise no ano que vem e tentarei ampliar as reflexões que fiz. Penso, na verdade, que o fundamental é a correlação entre o significado e algo que não pertence ao significado, como sabemos da linguagem ou da filosofia, mas que está embasado na maneira como Freud pensou que nós devemos considerar a relação entre o corpo e mente.

O que estou afirmando é que a atual geração digeriu os conflitos surgidos há quarenta anos. As pessoas não estão muito interessadas em saber o que aconteceu, quem estava certo ou errado; elas já digeriram o trabalho de Lacan e conhecem seus seguidores. Existem diferentes interpretações, algumas mais exclusivamente freudianas, mas no mesmo espírito não-ortodoxo. Ninguém está interessado em ser um ortodoxo fiel a Freud. Interessam-se, como disse, em manter a mente de acordo com o modelo freudiano, mas não necessariamente com os mesmos ingredientes. Esses podem mudar. Existem, porém, alguns temas básicos que parecem importantes e dos quais não devemos abrir mão.

Alguns transitam entre Freud e Lacan, outros, como eu, tentam criar algo novo com Freud e os que vieram depois, Bion, Winnicott e Lacan. Isso não é um jeito eclético de ser; é um jeito de tentar pensar nos problemas como fiz nesta manhã. Alguns interessam-se mais por Melanie Klein e análise de crianças, ainda que M. Klein não seja muito influente na França. Há quem tenha usado suas idéias, mas não ex-

---

1 "A negativa" (Freud, 1925).
2 "Esboço de Psicanálise" (Freud, 1940 [1938]).

clusivamente dela. Essas pessoas, por exemplo, consideram que Francis Tustin seja pelo menos tão importante quanto Melanie Klein. Temos, então, todos esses grandes tipos de tendências com as características que apresentei. Há a recusa à psicanálise americana e à maneira de pensar americana. O único autor americano que realmente faz sucesso na França é Harold Searles. Há também reservas quanto a Melanie Klein, um enorme interesse pelo trabalho de Winnicott e Bion, é claro, pelo que restou de Lacan. São essas as características da psicanálise francesa, como as percebo. Com certeza há sempre pessoas interessadas nas tendências recentes de psicanálise infantil, nas idéias de Daniel Stern. Isso tem seu papel no pensamento global, apesar de haver enormes reservas porque isso é comportamento.

RP – O trabalho de Piera Aulagnier despertou interesse no campo psicanalítico e no meio cultural em geral no Brasil. Como situar seu trabalho no contexto da psicanálise francesa? Que espécie de crítica pode ser feita?

AG – Piera Aulagnier tem a qualidade de ser uma pensadora independente. Sua separação de Lacan foi realmente dolorosa e tomou-lhe tempo. Lacan a estimava, mas, como sabem, ele era uma espécie de trator, o que significa que, se as pessoas não fossem integralmente dedicadas ao seu trabalho e seguissem, então, uma trilha independente, ele as esquecia. Piera Aulagnier não deixou a Sociedade Francesa no mesmo momento que os outros, como Lagache, por exemplo, porque pensava: "Não posso fazer isso a Lacan". Era uma afirmação repetida por muitos. Finalmente decidiu que não poderia mais ficar, porque Lacan estava em um período em que havia uma semelhança entre como ele achava que ela deveria ser e a Revolução Cultural de Mao Tsé-tung. Não estou brincando! E, para concluir, o treinamento era tão destrutivo, que ela decidiu partir. Tornou-se uma pensadora independente e construiu seu trabalho em virtude, principalmente, de seu interesse pelas psicoses.

Nessa área havia muito a ser feito, um outro enfoque que proporcionaria uma idéia diferente da construção teórica moderna da psicanálise, e ela se deu conta de que havia coisas para as quais a teoria do significante de Lacan não tinha explicação. Foi assim que criou o Pictograma e construiu suas teorias, passo a passo. Posso dizer que ela estava em comunicação constante com o meu próprio pensamento e mantínhamos intercâmbios. Posso diferir dela em certos pontos que escrevi e que dei a ela para revisar, artigos que eram solicitados por ela e sobre os quais não posso entrar em detalhes. Mas sua teoria até hoje é uma viva concepção. Seu livro *The Violence of Interpretation* é certamente importante por abrir novos caminhos e é reconhecido em todo o mundo.

Claro está que há pontos em desacordo que nós debatemos, como a questão do que ela qualifica como o "originário". Tentei mostrar que tal coisa não existe, mas isso é uma eterna discussão entre nós. É impossível entrarmos em uma crítica detalhada desse trabalho. O que posso dizer-lhes é que ela merece realmente ser estudada, só então pode-se fazer alguma crítica. Surpreendeu-me sua resistência às idéias de Bion, mas na França muita gente é relutante em aceitar suas idéias, porque pensam que o trabalho de Bion não é embasado em nossas referências usuais. Refiro-me, por exemplo, à negligência da teoria de Bion quanto a apontar o que seja o prazer. Isso é o que objetamos na teoria kleiniana, que se preocupa com o temor ao aniquilamento, ao caos, à fragmentação, ao desastre. É realmente como se pensássemos que os bebês vivem no inferno! E quando se fala no bom objeto, ele parece ser um objeto idealizado, uma questão de ilusão e onipotência. Pensamos que esta idéia está errada.

Quando me encontrava certa ocasião em Buenos Aires e cheguei às conclusões finais da minha palestra, disse: "Vocês não podem fazer análise a não ser que se tornem conscientes de suas opções fundamentais. Do que pensam que seja o Homem, o que existe nele, seus valores, as coisas que esclarecem a maneira como vivem as pessoas. Há uma opção, que é dizer que as pessoas procuram segurança, procuram evitar ansiedade, tentam criar condições nas quais se sintam seguras e possam manejar as diversas possibilidades de perturbação e descompensação. Há outra opção, que é dizer que, na verdade, as pessoas estão gastando todo seu tempo em reparar um objeto interno destruído e, portanto, a única solução é o eterno luto! E há ainda outra opção que é a opção francesa de Freud, em que pensamos que o desejo do prazer é realmente o que mobiliza as pessoas na busca de algo perdido, o que implica naturalmente em diferentes tipos de perda". Isso é derivado de Lacan, a idéia de *juissance*, para a qual não há tradução em inglês, visto que *enjoyment*[3] não é tão bom, ou talvez seja *fun*[4].

Vocês devem se perguntar: o que faz as pessoas correrem atrás de alguma coisa? E também os psicanalistas? Quais são as diferenças? O que nos move? O que queremos? É óbvio que a única possível resposta está relacionada à idéia de prazer, a menos que vocês se tornem puritanos e digam: "Não, eu não procuro isso! Queremos ser boas pessoas!". É isto que vocês vêem na TV? Boas pessoas? Não! Agora vou permitir-me uma pequena brincadeira. Vocês conhecem a principal diferença entre o psicanalista inglês e o francês? A principal diferença é que na Inglaterra os sacerdotes casam-se, podem ter filhos e muitos destes se tornam psicanalistas. Quando os padres católicos têm filhos, eles são ilegítimos. Não estou brincando, há sinais desse puritanismo centrado nos bebês, em como tornar o bebê bom, em como criar as crianças e torná-los pessoas responsáveis e assim por diante. Mas atualmente a Inglaterra está mudando bastante, e não estou certo se esses valores sobreviverão por muito tempo. Em todo o mundo sentimos que o apetite por sensualidade atualmente é ilimitado! Tenho observado recentemente uma grande mudança na mente das pessoas. Elas estão tendo consciência de que é o Princípio do Prazer que faz o mundo girar, não o Princípio da Realidade. Isso trará uma grande e imprevisível mudança, porque quando estiverem convencidas, não haverá limite para a violência que experimentamos agora e que está destinada a piorar com o tempo, para sempre. Não posso afirmar essas coisas, mas julgo que são pensamentos aos quais vocês deveriam devotar algum tempo.

---

3 Gozo, prazer (N.T).
4 Divertimento (N. T).

RP – Vemos, na atualidade, teorias excepcionais sobre o "ser humano". Subitamente, entretanto, elas perderam espaço e importância no meio cultural. São exemplos o marxismo e o culturalismo. Qual será, em sua opinião, o futuro da psicanálise?

AG – Preocupa-me o futuro da psicanálise pelo perigo de que seja invadida pelas assim chamadas "teorias da relação", nas quais a especificidade do diálogo psicanalítico e da interpretação é empobrecida pela assim chamada "técnica do aqui-e-agora". Não me importo com essa técnica, apesar de discordar inteiramente dela. Enfim, por que não?

Mas o que se observa é que, ao adotar esse ponto de vista, chega-se a uma supersimplificação do que acontece entre o paciente e o analista. Uma verdadeira teoria do aqui-e-agora, do aspecto intersubjetivo, significa que, na intersubjetividade, cada um tem de pensar o que ocorre na mente das duas pessoas que estão unidas na relação. É terrivelmente empobrecedor, porque há uma completa redução do que vai na mente de cada um dos dois sujeitos.

Se vocês desejarem uma teoria da relação, então a sua interpretação da relação deve incluir o que ocorre na mente do paciente e também qual é a idéia, na mente do paciente, do que se passa na mente do analista. Essa seria uma teoria complexa, mas que faria justiça à complexidade da análise. Em vez disso, temos interpretações arbitrárias, com freqüência sem profundidade, porque o paciente é sempre mais esperto que o analista.

Bion diz que um paciente que não faz seu analista de bobo deve estar muito doente. Ele está certo. O paciente sabe muito bem como tornar o diálogo psicanalítico em uma espécie de rifa, em um impasse ou em uma situação na qual o poder do analista se transforma em um retorno à sugestão. Supomos ter feito progresso na contratransferência. Infelizmente, não vejo assim. O que vejo é que, em nossa civilização ocidental, a sexualidade foi ignorada por vinte e cinco séculos. Freud surgiu, esclareceu-nos sobre a sexualidade e agora voltamos ao período anterior a ele. Ninguém deseja ouvir sobre sexualidade, sobre a maneira pela qual somos marcados por ela desde pequenos; ninguém quer admitir que, como adultos, continuamos sob sua influência, mesmo curados. É aceitável apenas o tipo de relação que resulta em "Ama-me!". Para mim, isso é, no máximo, meia vertente da verdade. Então o que temos é um período em que a psicanálise estava preocupada única e exclusivamente com a destruição, agora está preocupada apenas com o amor sem sexualidade e, por fim, vamos nos tornar os chefes de um serviço religioso na forma deitada. Não penso que isso seja uma mudança real, uma consciência real do que somos, de quem somos! Precisamos do conforto de uma imagem de nós mesmos que não nos magoe demais. Muito obrigado.

Tradução: Antônio Carlos Marques da Rosa
Transcrição: Margareth Dallagnol
Revisão técnica: Paulo Henrique Favalli e Paulo Oscar Teitelbaum

Betty Joseph

Betty Joseph é analista didata da Sociedade Britânica de Psicanálise. Formada em Serviço Social, tornou-se uma das mais significativas representantes da Escola Kleiniana de Psicanálise, destacando-se pelo detalhamento, na clínica, da dor emocional do paciente. Trouxe inúmeras contribuições à psicanálise, focando as sutis nuances afetivas que ocorrem no transcurso da sessão analítica. Embora nunca tenha escrito um livro, vários de seus artigos encontram-se publicados na obra intitulada *Equilíbrio Psíquico e Mudança Psíquica: artigos selecionados de Betty Joseph*, organizada por Michael Feldman e Elizabeth Bott Spillius. Destacam-se, dentre seus inúmeros escritos, alguns que já podem ser considerados clássicos representantes da escola kleiniana e pós-kleiniana: O paciente de difícil acesso, de 1975, O vício pela quase-morte, de 1982, e Transferência: a situação total, de 1983.

Concedeu a seguinte entrevista em 05/1/1997 aos drs. Anette Blaya Luz, Carmem Keidann, Ida Gus, Joel Nogueira, José Carlos Calich, Jussara Dal Zot, Mauro Gus, Raul Hartke e Theobaldo Thomaz.

RP – Sra. Betty Joseph, é um grande prazer tê-la conosco. Por favor, nos fale um pouco de sua formação analítica e do que mais, em sua vida, a sra. pensa que tenha contribuído para essa formação.

BJ – Bem, comecei minha vida profissional como assistente social psiquiátrica. Então pensei que nunca poderia fazer esse tipo de trabalho se não me tivesse analisado. De modo que, tão logo terminei minha graduação, decidi que procuraria um emprego somente em local onde houvesse uma Universidade, para que fosse mais interessante, como também um psicanalista. Assim, fui a Manchester, onde se encontrava Michael Balint. Na época tinha cerca de 23 anos de idade. Comecei a análise lá e não tinha qualquer intenção de fazer a formação analítica. Contudo Balint sugeriu que eu a fizesse. Com 23 ou 24 anos, fui entrevistada e aceita. Essa é uma maneira completamente errada de começar a ser analista, porém o treinamento principal era em Londres e, após alguns anos, Balint decidiu ir para lá e eu também. E assim fui e fiz a formação comum em psicanálise de adultos e, em seguida, a de crianças. Então, simplesmente, segui a carreira normal. Salvo que, passados alguns anos, minha análise com Balint estava, por assim dizer, terminada e, pouco depois, com a aprovação dele, interessei-me pelo trabalho kleiniano. Fui-me analisar, a seguir, por alguns anos, com Paula Heimann, naturalmente antes de ela deixar o grupo kleiniano. Depois, da maneira usual, me tornei analista didata, e é essa a história da minha vida. Mas é interessante que nunca sequer considerei vir a ser psicanalista. Não fosse a influência de Balint, duvido que o tivesse feito. O que é engraçado, porque Balint, na minha opinião, realmente não era um bom analista, era um excelente psicoterapeuta.

RP – Qual o status da formação analítica na Inglaterra? Há procura pela formação? Quem procura? Há procura por parte de profissionais médicos? Isso faz diferença? Ouvimos falar que, na Inglaterra, a formação analítica tem sido menos procurada por médicos e por homens?

BJ – A situação na Inglaterra, até onde posso ver, é semelhante à situação em grande parte do mundo. Recebemos cada vez menos profissionais da área médica para treinamento, a idade dos candidatos tende a ser um pouco mais avançada e, de modo geral, recebemos mais mulheres de meia-idade do que antes, eu quero dizer, realmente, de meia-idade, não as muito jovens.

RP – Na década dos quarenta?

BJ – Não, fim dos trinta anos. Mas a nossa regra era que ninguém de mais de quarenta anos podia começar a formação. Agora, se as pessoas têm uma boa formação em trabalho clínico, tendemos a considerá-las candidatas, com maior facilidade do que antes. Ninguém sabe, acredito, por que a psicanálise atrai menos pessoas para a formação do que anteriormente. Isso está ligado a toda essa questão da posição da psicanálise no mundo de hoje, não? Vocês têm os mesmos problemas aqui?

RP – Talvez tenhamos esse problema em forma inicial, porque aqui, na nossa Sociedade, até cinco ou seis anos atrás, a Sociedade só aceitava médicos para treinamento. E só pessoas até quarenta anos. Isso se modificou nesses cinco ou seis anos, quando começaram a entrar profissionais da área da psicologia e o perfil da procura, portanto, começou a se modificar. Ainda há, porém, uma procura razoável por parte de médicos. Por exemplo, neste ano, temos selecionado meio a meio. Quanto ao sexo, tende mais para o feminino, é a grande maioria. Nossa tendência é, talvez, a de ficarmos com o perfil próximo ao que há na Inglaterra. Mas, no momento, ainda não é assim.

BJ – Creio que o que ocorre na Inglaterra é semelhante ao que ocorre em grande parte da Europa. É que na Inglaterra teria sido muito difícil não aceitar profissionais não-médicos em virtude da presença de Anna Freud e Melanie Klein. Isso tudo está relacionado àquilo que chamam de a crise atual da psicanálise. Eu não sei se há uma crise. Na minha opinião, a queda dessa popularidade, nos Estados Unidos, por exemplo, foi uma coisa boa. E é, contudo, muito interessante que haja tal antagonismo à análise. Acredito que a mídia, na Inglaterra e na América, faça muitas críticas, muitos ataques e que se esteja menosprezando a psicanálise. Provavelmente mais do que aqui, e ainda não está claro o porquê. Há uma outra questão sobre o que chamamos crise: verifica-se uma diminuição muito grande de interesse real e de crença verdadeira na psicanálise. Os jovens de hoje parecem inclinar-se mais pelas ciências estatísticas e médicas, que podem ser comprovadas.

RP – Na sua opinião, sra. Joseph, o fator econômico não seria o determinante nessa transformação que há na Inglaterra, Europa e

Estados Unidos, no sentido de que a psicanálise não é mais um objeto de consumo neste momento?

BJ – Acredito que devem existir fatores econômicos e sociais importantes envolvidos. Você quer dizer que não é mais uma boa maneira de ganhar a vida, ou é algo mais profundo?

RP – Seria uma disputa de mercado no sentido que a sra. descreveu: os médicos psiquiatras não demonstram interesse tão grande como há anos?

BJ – Pessoalmente sinto que é uma coisa muito mais complicada; o ponto que está mencionando é importante, mas há todo tipo de fatores envolvidos, como o que chamaríamos, na Inglaterra, o "thatcherismo", a pressão do interesse em obter resultados rápidos.

RP – As terapias alternativas oferecem uma propaganda de resultados rápidos e prontos. Seria isso?

BJ – Sim, penso que há algumas psicoterapias de tipos diferentes, cognitivas, comportamentais. Penso que essas desempenham um papel em afastar o interesse pela psicanálise, mas há muitos outros elementos. Por exemplo, constato que, na Inglaterra, alguns dos outros treinamentos psicoterápicos sérios também não estão obtendo pacientes. Como se houvesse um movimento muito mais profundo na sociedade contra o interesse pelo inconsciente. Acredito que há tantos fatores, que é impossível sugerir um só como o principal.

RP – Parece que há um aumento na busca de atividades e de interesses de resultados imediatos, mas também um aumento crescente do misticismo. Ao mesmo tempo, uma maior resistência à análise, que busca conhecer a realidade interna.

BJ – Exatamente, essa é uma das coisas, mas por quê?

RP – Os pacientes de hoje em dia são diferentes dos pacientes da época de Freud e Klein? Há mais pacientes narcisistas, ou há mais diagnósticos de pacientes narcisistas? Há nisso influência da cultura? O papel da mulher na sociedade atual influencia? E as novas "estruturas familiares?".

BJ – Será que os pacientes são diferentes daqueles da época de Freud? Eu diria que não são diferentes, só que me parece que as histéricas muito floridas ou "escancaradas" se tornaram mais complexas e menos ruidosas. Mas suspeito que não seja o caso, que hoje apenas sejamos mais sensíveis e nosso trabalho mais acurado. Pensaria que, onde antes pacientes muito narcisistas eram desencorajados de se analisar, ou algo assim, hoje em dia, na verdade, vemos o narcisismo como algo analisável. Suspeito que, atualmente, somos muito mais sensíveis a perversões mais sutis. Mas duvido muito que as coisas tenham realmente mudado. Por exemplo, vocês diriam que o papel da mulher na sociedade de hoje tem alguma influência na natureza da personalidade das mulheres? Mas será que isso significa que há mudanças reais na natureza das doenças? Duvido.

RP – A relação entre a mãe e o filho é diferente, hoje em dia, na qualidade, na quantidade de tempo; certamente não se cria um bebê, hoje, como na época de Freud; certamente isso teria alguma influência na personalidade que trataríamos.

BJ – Sim, deve ter uma influência significativa. Porém o que pensava era que os problemas que agora surgem certamente seriam do mesmo tipo que surgiriam com meninas cujas mães foram negligentes por diferentes motivos, ou que as superprotegeram por sentimento de culpa por outras causas. Na realidade era nisso que pensava.

RP – Há talvez um outro componente: o modo como a sexualidade é tratada hoje em dia na criação de crianças, e que isso influiria no fato de não termos "histéricas" tão "grosseiras".

BJ – É possível, mas duvido. Considero esta uma questão muito interessante. Se realmente tivéssemos tempo de observar esse aspecto, será que verificaríamos que os pacientes são diferentes dos pacientes que eram observados, digamos, há trinta anos? Deve haver uma diferença para a criança criada mais livremente, mas, então, estamos perguntando: "Será que significa que há mais crianças criadas mais livremente e que, por isso, temos uma gama diferente de doenças?". Duvido. O que digo é que seria muito interessante observar esse aspecto em casos reais.

RP – Dentro desse mesmo contexto, o que sabemos da importância de Klein, e de Klein como mulher, no preenchimento desse espaço que praticamente não havia na psicanálise? A mulher tem uma disposição, geralmente, uma função de maternidade, de abarcar, de conhecer, de sentir, de vivenciar aspectos mais primitivos, que foram os grandes acréscimos pós-Freud. E isso se nota na sociedade, até numa modificação no número de mulheres que participam ativamente, e eu digo sociedades em geral, em que a expressão da feminilidade, da sexualidade feminina não é tomada apenas naquele aspecto histérico, a partir de uma visão, de alguns anos, do homem a respeito da mulher. Qualquer manifestação da mulher além da prevista seria considerada histérica.

BJ – Possivelmente. Vejo o que você quer dizer com a maior liberdade das mulheres e isso também nas mentes dos homens. Você acha que o que, antes, teria sido considerado sintoma histérico, agora é menos provável que seja visto assim?

RP – Hoje a histeria seria mais determinada em função de traços de caráter, da conduta.

BJ – O que é verdade. Acho que é verdade.

RP – Dentro da chamada teoria kleiniana atual, qual a importância da figura paterna? Do terceiro na relação? O papel do terceiro é tido como fundamental na criação dos espaços psíquicos e, portanto, na simbolização e capacidade de pensar os pensamentos?

BJ – Julgo que há quem pense que o pai não desempenhe um papel importante na teoria kleiniana. Ora, penso que isso não é assim, mas creio que alguns dos primeiros escritos davam a impressão de que o pai estava em segundo plano. Certamente não foi isso que a sra. Klein quis dizer; fica claro, em muitos dos seus escritos, que sua idéia é que o relacionamento do bebê com a mãe rapidamente seria repetido com o pai, ou sofreria interferência de parte dele. Mas vocês verão que muitos dos escritos mais recentes dão grande importância à configuração e ao papel do terceiro. Conhecem o *Complexo de Édipo Hoje*[1], não? Ele enfatiza muito o papel primitivo da terceira pessoa. Todavia reconheço que, nos primeiros escritos, parecia que o pai tinha sido deixado de fora. Claramente, porém, não era a idéia que ela queria transmitir. Acredito ser antes uma impressão que se teve, em virtude da grande ênfase dada pela sra. Klein ao relacionamento muito precoce e, portanto, com a mãe. Não creio que, por um momento sequer, ela tenha deixado o pai de fora no trabalho. Mas é interessante o quanto o terceiro está sendo enfatizado, atualmente.

Quanto à questão da dependência, a dependência realmente deve começar com a mãe, não é? Se não houver uma relação de dependência apropriada com a mãe, então não será possível uma apropriada elaboração edípica, ou não haverá um adequado relacionamento com o pai. Mas penso que o que se dizia aqui era que toda a questão de dependência e de separação do objeto foi tão elaborada em relação à mãe que, às vezes, de fato, parece que o pai ficou de fora.

RP – É que ela observa um momento em que o pai está presente apenas indiretamente e descreve esse momento, depois que Freud descreveu o complexo de Édipo, montando toda a teoria psicanalítica baseada no complexo de Édipo reduzido à observação do fato analítico enquanto relação da mãe com o bebê. É o que Melanie Klein fez, não?

BJ – Mas ela não a reduz.

RP – Pareceria que, do ponto de vista observacional, sim. E só para completar isso, o que a dra. Joseph pensa da questão da observação da relação mãe-bebê?

---

[1] Refere-se ao livro de Britton, R. *Complexo de Édipo Hoje*.

BJ – Penso que um dos grandes valores da observação de bebês está realmente no fato de treinar pessoas a observar, a ter a dor de não poder interferir, tentar ver qual é a sensação verdadeira da contratransferência, ou aquilo que seria contratransferência num trabalho analítico, como é despertada, como os estudantes se sentem tentados a tomar o partido do bebê contra a mãe, ou da mãe contra o bebê. Na minha opinião, o verdadeiro valor está em ajudar o estudante a observar em geral e também a observar pequenas ações (pequenos episódios) entre a díade. Nessa díade, eu lamentaria muito se o observador não levasse em conta o papel do pai em prejudicar ou incentivar aquilo que está ocorrendo.

RP – O que a senhora acha que, na Inglaterra, no momento, recebe a maior ênfase quanto à preocupação e estudo?

BJ – Depende. Penso que seria muito difícil dizer, porque depende muito do grupo ao qual pertence o analista.

RP – E no grupo kleiniano?

BJ – Acredito que houve muito progresso na compreensão de assuntos como identificação projetiva, que se liga à questão toda do relacionamento entre paciente e analista e ao tema da transferência. Mas, quando digo isso, há um perigo, porque essa é minha área de interesse pessoal. Penso mesmo que a maior sensibilidade quanto ao que ocorre dentro da sessão, ou dentro do relacionamento, entre analista e paciente, nos ajudou enormemente não só a olharmos coisas como questões técnicas, "acting out", "acting in", mas também a esclarecermos vários pontos teóricos, por exemplo, estamos realmente falando mais a respeito de identificação e tipos diferentes de identificação. Depois, vejam, há toda a área de sintomatologia propriamente dita, há muito interesse em perversão, não apenas, ou não principalmente, em conseqüência da perversão grosseira, mas mais à questão de formação de um tipo de caráter perverso. Penso que tudo isso está interagindo no momento; não seria justo, porém, dizer que esses seriam os principais interesses do grupo freudiano contemporâneo, mas eles estão muito interessados nisso. Vocês podem ver quanto o trabalho de Joseph Sandler se liga ao nosso; há um certo tipo de união, certa infiltração de idéias.

RP – Uma base comum.
BJ – Base comum e interesses em comum.

RP – E sobre a sexualidade na psicanálise britânica? Existem autores que criticam esse aspecto, salientando que só a pré-genitalidade é valorizada, como se os aspectos prazerosos e a genitalidade ficassem esquecidos. O que pensa sobre isso?
BJ – Realmente? Eu não tinha nenhuma idéia de que haveria uma forte crítica a respeito da psicanálise inglesa na revisão da sexualidade. Os ingleses ainda estão fazendo filhos...

Penso que há uma ênfase considerável na sexualidade pré-genital, mas não é verdade que, quando tentamos ver a dependência de uma capacidade de compreender, que representa uma parte tão grande do nosso trabalho, estamos falando a respeito de qualidades que raramente são de importância básica para a verdadeira genitalidade? Ou, quando falamos sobre pessoas que têm a capacidade de fazer bom uso de suas agressões ou do seu poder, sem ficarem excessivamente ligadas, digamos, ao sadismo, falamos sobre algo que realmente contribui para a potência? Creio que o elo todo entre genitalidade adulta e pré-genital se dá nessa conexão na qual eu considero que estamos interessados. É muito interessante saber que há essa crítica, porque penso que o que estamos vendo são as características da sexualidade pré-genital, que será a substância da verdadeira sexualidade adulta.

RP – Gostaríamos de saber o que a sra. considera serem os focos mais destacados na evolução da psicanálise e para onde acha que leva o futuro? Houve uma mudança na valorização da relação paciente/analista, uma maior preocupação com o papel do analista, com o campo analítico, do ponto de vista da técnica. O que estaria acontecendo atualmente? Quais as perspectivas futuras?

BJ -- Pensaria que o que vemos é o que chamaria de um tipo de refinamento do ponto de onde Freud começou. Se observarem os trabalhos de Freud sobre técnica, o que penso que estamos fazendo é o seu refinamento. Ele também estava tentando ajudar as pessoas a não se envolverem com seus pacientes. De certa forma isso é o que ainda estamos tentando fazer. Encontro essa ênfase nos kleinianos muito mais do que em outros.

A propósito, odeio a palavra kleiniano. Voltarei a isso daqui a pouco. Mas a maior ênfase centra-se em tentar nos permitir sentir o que está acontecendo, em nos darmos conta do ponto onde quase cometemos um *acting out* e procurar usar isso construtivamente para buscar entender o que está acontecendo no paciente e em nós. Odeio o trabalho sobre a assim chamada contratransferência, na qual o interesse parece ser por aquilo que o analista sente, em lugar daquilo que está acontecendo no paciente. Porque há alguns trabalhos realmente péssimos, feitos em nome da contratransferência. Quase gostaria de carregar uma bandeira: "Esqueçam-se de vocês mesmos!" Claro que não é bem assim. Agora, vindo de mim... vocês devem saber o que eu quero dizer.

Bem, quanto à palavra kleiniano, por que lhe faço objeção? Odeio a idéia de dividir gente em grupos dessa maneira: ou somos psicanalistas ou não. Assim, quando as pessoas vêm me dizer "Você é kleiniana", com um tipo de brilho no olhar, respondo: "Não, sou psicanalista!". Mas que quero dizer, afinal de contas, é que Freud, ou Winnicott, ou Klein ou qualquer um são pensadores de quem todos nós tomamos emprestado. Tomamos de empréstimo, ou não tomamos de empréstimo. Todos eles influenciam nosso trabalho em maior ou menor grau, mas isso não significa que olhemos somente para isso. E a idéia toda de que Klein pertenceria a um grupo de pessoas é completamente errada, ou que Freud não pertence a todos nós também o é!

RP – Gostaríamos de saber a respeito da biografia de Melanie Klein, de Phyllis Grosskurth.

BJ – Em termos muito gerais, muitos de nós falaram bastante livremente com Phyllis Grosskurth; realmente sentíamos que ela era uma verdadeira amiga da sra. Klein. Quando a biografia foi publicada, não apenas ficamos horrorizados; antes, as pessoas do grupo independente que tiveram o livro nas mãos – porque a Karnac, editora de Londres, conseguiu uma cópia antes de ser publicado – a mostraram a um ou dois dos independentes casualmente presentes na loja naquele momento, e eles se horrorizaram com o tom do livro. Um deles me emprestou uma cópia para o fim de semana e também fiquei consternada. Penso que grande parte do trabalho histórico é excelente: ela captou detalhes e encontrou pessoas que conheciam a Klein de maneira brilhante, e tudo isso, na minha opinião, é muito louvável. Alguns dos fatos que ela apresenta, na verdade, estão errados, um ou dois dolorosamente errados. Mas algo de que realmente a maioria não gostou é quanto à descrição das pessoas. Até onde posso ver, apenas uma se sai bem: Eric Klein, o filho. Há um bom motivo para que ele tenha sido apresentado de maneira simpática.

RP – Winnicott também. De certa forma.

BJ – Sim, é como se inconscientemente ela tenha apenas captado as características ruins: são as que aparecem no livro. E ela cita um comentário que fiz, de maneira bastante jocosa, a respeito de Winnicott. Mas por que citar apenas aquele comentário? O livro é perspassado de um tipo de...

RP – Malícia?

BJ – Sim, de uma qualidade maliciosa. Aqueles de nós que falaram muito com ela nunca chegaram a suspeitar que faria isso. Não quero sugerir que o livro não seja extremamente útil, também, desde que a pessoa se dê conta de que há algo muito negativo e de que Melanie fica parecendo uma pessoa de péssimo caráter. Se você o lê, tem dificuldade em pensar que ela foi, creio que se pode usar o termo, um gênio. Isso não transparece, o livro tem algo de malicioso e mesquinho.

RP – O que a senhora pensa do livro de Jean Michel Petot sobre a teoria psicanalítica?

BJ – Ainda não o li, de modo que não poderia dizer. O que vocês acharam?

RP – *É um bom estudo sistemático e histórico. Ele coloca a obra kleiniana sob uma perspectiva histórica.*

BJ – Até onde eu li, concordo.

RP – *Gostaríamos de lhe agradecer por sua disponibilidade, muito obrigado.*

BJ – Muito obrigada pela atenção de todos vocês.

Transcrição e tradução: Hedy Hofmann
1ª revisão técnica: Anette Blaya Luz, Carmem Keidann e Jussara S. Dal Zot
2ª revisão técnica: Anette Blaya Luz

© *Revista de Psicanálise – SPPA*

Jean Laplanche

Jean Laplanche nasceu em Paris, no ano de 1924. De formação inicialmente filosófica, analisou-se com Lacan e posteriormente cursou medicina. Tornou-se analista titular pela Associação Francesa de Psicanálise, tendo sido seu fundador e ex-presidente. É professor honorário de psicanálise na Sorbonne – Universidade de Paris VII, onde dirigiu o Centro de Pesquisas em Psicanálise e Psicopatologia. É, também, diretor científico e responsável pela terminologia da tradução francesa das Obras Completas de Freud. As seguintes obras suas estão traduzidas para o português: *Hölderlin e a Questão do Pai* (1961), *Vocabulário da Psicanálise* (em colaboração com J.B.Pontalis, 1967), *Fantasia Originária, Fantasias das Origens e Origens da Fantasia* (em colaboração com Pontalis, 1967), *Seminários: 'Problemáticas'-I* (1980): *A angústia; II* (1980): *Castração/Simbolizações; III* (1980): *A Sublimação; IV*(1981): *O inconsciente e o Id; V* (1987): *A tina* (coleção que reúne seu profundo conhecimento e rigorosa reflexão crítica sobre o pensamento freudiano); *Vida e Morte em Psicanálise* (1985); *Novos Fundamentos para a Psicanálise* (1987); *Traduzir Freud* (em colaboração com Cotet e Bourgignon, 1989); *Teoria da Sedução Generalizada* (1988).

Jean Laplanche concedeu a seguinte entrevista em Pommard, França, em 4/10/1996, ao Dr. Raul Hartke. A psicóloga Leonor Guiromand auxiliou na tradução durante esse encontro.

Além de eminente psicanalista, Jean Louis Laplanche é um conceituado produtor de vinho, proprietário de um renomeado domaine na região da Borgonha. Seu vinho, o Château de Pommard, está incluído entre os grandes tintos da França. O Dr. Laplanche teve a gentileza e disponibilidade para conceder esta entrevista ao Dr. Raul Hartke, representando, então, a Revista de Psicanálise da SPPA, no seu belíssimo château, em Pommard, próximo à cidade de Beaune.

Previamente ao encontro, a Revista de Psicanálise enviou-lhe as questões, sublinhando que ele responderia o que quisesse e na ordem que o desejasse, ficando, também, totalmente aberta a possibilidade de outros tópicos serem levantados e desenvolvidos no seu transcorrer. A leitura da entrevista flui com naturalidade sem a necessidade de iniciarmos o texto com a inclusão dessas questões, mas se o leitor desejar conhecê-las, as questões enviadas ao dr. Laplanche encontram-se anexas no fim deste texto.

No início, o Dr. Laplanche disse ser, ao mesmo tempo, vinicultor e psicanalista e que, no momento, se encontrava em plena atividade de fabricação de seu vinho.

RP – Gostaríamos de lhe agradecer imensamente por nos haver recebido e dedicado um espaço de seu tempo num momento tão importante de suas atividades como vinicultor.

JL – Com efeito, este é um momento de muito trabalho e, sobretudo, porque aqui sou eu mesmo quem faz tudo.

RP – Nós já ouvimos falar muito do seu vinho, o Château de Pommard.

JL – Após a entrevista vocês irão ver um pouco de tudo isso comigo.

RP – É um prazer poder estar aqui e fazer esta entrevista, porque o sr., utilizando uma expressão sua, é um objeto-fonte para nossa atividade diária como psicanalistas e para nossas reflexões teóricas.

No caminho, vindo em direção à sua propriedade, eu pensava numa temática que o sr. aborda muito seguidamente – a questão da teoria da sedução – e dei-me conta de que estamos atravessando um aniversário do período mesmo dessa mudança, pois, no dia 21 de setembro, Freud enviou a carta a Fliess dizendo que havia abandonado sua "Neurótica" e, no dia 15 de outubro, como, aliás, o sr. sublinha, escreveu-lhe a respeito da descoberta do complexo de Édipo.

Estamos, então, aqui com o sr., exatamente nos dias correspondentes a essa profunda e decisiva virada no pensamento freudiano.

JL - É muito divertido porque, com efeito, estamos na época do equinócio de outono, e eu nasci no solstício de verão. Sendo assim, nasci nove meses após o abandono da teoria da sedução, ou seja, fui concebido – isto é obviamente uma fantasia[1] – no momento do abandono da teoria da sedução. Nasci no dia 21 de junho, portanto, nove meses após (risos).

RP – Uma outra coisa que me pareceu curiosa e interessante é que alguém como o senhor, conhecedor profundo da "bruxa metapsicologia"[2], trabalhe igualmente a terra. Lembro-me da passagem do Fausto de Goethe, quando Mefisto sugere a Fausto cultivar a terra ou então procurar a bruxa. E, neste momento, estamos junto a alguém, o sr., que conseguiu conciliar a "bruxa" e o trabalho da terra (risos).

JL – Mas o senhor verá daqui há pouco que minhas tinas, nas quais faço o vinho, são, de certa forma, como o caldeirão da bruxa (risos).

RP – Eu gostaria, agora, de ouvi-lo sobre algumas das perguntas que lhe enviamos a título de sugestão para um início de diálogo.

JL – Sim. Eu examinei o primeiro ponto das questões que me foram enviadas, a respeito do desafio para a virada do século. Para mim, existem dois desafios, o prático e o teórico e os dois estão ligados. Entendo o desafio prático da seguinte maneira: a psicanálise está a perigo de tornar-se uma profissão de saúde. Isso significa estar subordinada ao

---
[1] Laplanche emprega aqui a palavra francesa *fantasme*. Veja o comentário sobre a tradução desse termo do alemão para o francês no verbete *fantasia*, do *Vocabulário da Psicanálise*, de Laplanche e Pontalis, Martins Fontes, 2ª edição, 1991 (N. do R.).
[2] Alusão a *Fausto* de Goethe na cena intitulada "Na cozinha da Bruxa". A partir dela, Freud estabelece uma analogia entre a metapsicologia e a bruxa. Fausto, já com setenta anos, gostaria de remoçar. Mefisto propõe-lhe, inicialmente, levar uma vida simples de agricultor no campo, mas Fausto rejeita essa proposição. Mefisto responde-lhe: *"Pois venha então a bruxa, amigo"*. A bruxa prepara-lhe uma poção mágica, Fausto a ingere e, dessa forma, recupera sua juventude (N. do R.).

poder institucional, tanto ao poder institucional das organizações de saúde quanto ao poder institucional das associações psicanalíticas. Acredito que o perigo está também no risco de que as associações de psicanálise se tornem uma transmissão das demandas sociais de saúde. Isso se observa tanto em relação à prática quanto à formação. Vê-se, cada vez mais aqui na Europa, mas também em outros países, que a prática está subordinada à obrigação de resultados sintomáticos de saúde. O pagamento das curas torna-se cada vez mais um pagamento em função da intervenção de um juiz, poder-se-ia dizer, que julga se o resultado é ou não é bom. Isso significa dizer que a relação psicanalítica não é mais entre dois, existindo um terceiro que intervém, porque paga, porque pede certificados, etc. E afinal, é preciso que se diga – e eu direi as coisas francamente – para resultados socialmente reconhecidos há técnicas mais eficazes que a psicanálise. A psicanálise não pode combater baseada no plano do resultado social e da adaptação, mesmo porque, naquilo que diz respeito à adaptação, repito, há muitas técnicas mais eficazes.

Outro perigo, ainda sob o ponto de vista da prática, é que, em função dessa demanda social, a formação como tal se torne uma formação que deve ser aceita e reconhecida pelas instituições. Mesmo a psicanálise pessoal, que é o fundamento da formação analítica, tende a tornar-se cada vez mais alguma coisa de institucional: é o que se chama de análise didática (*training analysis*) e eu tenho batido-me, há dezenas de anos, contra a própria idéia de *training analysis*. Nós somos, acredito, a única Sociedade que suprimiu completamente a idéia de *training analysis*, ou seja, uma análise empreendida e aceita pela instituição. Na medida em que a sociedade psicanalítica deve aceitá-la, ela deverá, também, mais cedo ou mais tarde, prestar contas à instituição estatal. Na nossa Associação, que se opõe completamente às regras da IPA – embora estejamos na IPA – tomamos, então, uma posição radical em relação a esse ponto de vista, ou seja, suprimimos completamente a psicanálise didática. Para nós a psicanálise, seja ela de formação ou de cura, é uma coisa puramente pessoal, que deve ser empreendida de maneira absolutamente pessoal, sem a intervenção da instituição em nenhuma instância.

Acredito que, atualmente, fora dessa questão um pouco técnica, o grande perigo para a psicanálise é o de ser confundida com uma técnica psicoterapêutica. Na minha opinião é o primeiro desafio que traz o risco de suprimir a psicanálise, mesmo que o nome subsista. O nome provavelmente subsistirá, mas a coisa não, ou seja, os verdadeiros psicanalistas serão forçados a encontrar um outro nome. Na Europa, vemos muito disso, mas acredito que, sob outras formas, também na América do Sul e, sob outras formas ainda, nos Estados Unidos. Na Europa, a institucionalização caminha muito rapidamente: vê-se isso na Alemanha, na Holanda, etc. A França é um dos raros países onde a psicanálise permanece uma profissão que não é verdadeiramente uma profissão, uma profissão não-reconhecida como tal. Isso é tudo para, rapidamente, dizer qual é o desafio prático, o qual, acredito, é o maior desafio e que não sei como vamos ultrapassar.

Agora, naquilo que diz respeito à teoria e à metapsicologia, eu diria que, efetivamente, o desafio é de extrair todas as conseqüências da experiência freudiana e, a partir daí, renovar a teoria. É o que procurei fazer com a teoria da sedução.

RP – Colocar Freud a trabalhar, como o senhor tanto gosta de dizer...

JL – Sim, eu acredito que é, inicialmente, fazer trabalhar Freud, mas há um momento em que já se fez com que Freud trabalhasse bastante e, então, é preciso trocar as coisas, não é assim? Acredito que uma noção como a de mensagem substitui a noção de representação, que a noção de outro tomou o lugar da de objeto e que o primado do outro, na constituição do sujeito sexual, é algo que faz uma revolução no pensamento de Freud.

RP – Seria possível falar um pouco mais a respeito dessa substituição da noção de "representação?"

JL – A noção de representação permanece uma noção subjetiva ligada à idéia do primado do sujeito, ou seja, em última instância, uma noção solipsista: não saímos da pessoa que se representa alguma coisa. Freud não saiu dessa noção de representação. Acredito que a perspectiva muda completamente, a partir do momento em que pensamos que aquilo que acontece ao sujeito não são somente percepções e representações, mas mensagens significativas vindas do outro.

RP – Isso estaria incluído na sua teoria da sedução generalizada?
JL – Sim. Se quiser, podemos também tomar o exemplo da diferença entre traço[3] e mensagem. Robinson Crusoé, na sua ilha, vê passos na areia: são traços, são representações. Podem ser tanto traços de um homem como de um animal ou mesmo traços de um meteorito, são representações. Nós ficamos, então, numa situação que eu chamo de ptolomaica, ou seja, na qual Robinson se considera como o centro do mundo: ele deve interpretar os signos. Mas, ao contrário disso, se ele vê que as impressões[4] de passos estão organizadas para indicar uma direção, nesse momento, não se trata mais de traços, mas, sim, de mensagens. E aquilo que a criança e o ser humano devem interpretar não é um mundo abstrato de percepções e de representações, é um mundo de mensagens, onde já há sentido que é enviado pelo outro. É o que chamo de reversão copernicana da perspectiva[5], ou seja, do mesmo modo que Copérnico compreendeu que a Terra rodava ao redor do Sol e não o Sol ao redor da Terra, o ser humano deve compreender que ele se move ao redor do outro e não que o outro é, pura e simplesmente, sua percepção.

Gostaria de falar de Melanie Klein, porque, num certo momento, vocês se referem a ela. Ela também, como Freud, fica num mundo subjetivo, ou seja, quando fala do objeto, esse objeto é um objeto para a criança: ele é bom ou ele é mau, porque a criança projeta sobre ele suas pulsões boas ou más, mas não há a idéia de que entre a criança e o adulto não existe objeto, mas, sim, mensagens. Os obje-

---
3 No original: *"des traces"*.
4 No original: *"les empreintes"*.
5 O último livro publicado pelo Dr. Laplanche, ainda não traduzido para o português, intitula-se *La révolution copernicienne inachevée* (Aubier, 1992).

tos são enviados para dizer alguma coisa, os objetos já estão cheios de significação, são os significantes ou as mensagens. Em Freud, tanto quanto em Melanie Klein, os objetos estão sempre colocados em relação com a minha percepção do objeto. Em outros termos, o próprio Freud ficou na antiga tradição européia da filosofia que também é a do sujeito, na centralização no sujeito, filosofia de Descartes, de Kant e de tantos outros. Mesmo para os fenomenólogos, é sempre o mundo que é minha representação. Ora, eu digo, o mundo não é somente minha representação – e eu não nego que existam representações –, mas o mundo é habitado por mensagens que comportam sentido antes que eu tenha necessidade de lhes dar sentido.

RP – ...E que vão provocar, em mim, a necessidade de um trabalho de tradução...

JL – Certamente, e isto é a parte da tradução na teoria da sedução. Ou seja, a teoria da sedução comporta também um aspecto que é uma tentativa de dar conta do recalcamento, uma tentativa de compreender o recalcamento como resultante de um trabalho justamente de tradução das mensagens do outro e de uma tradução que é imperfeita, que deixa restos não-traduzidos.

RP – O senhor faz, aqui, referências à carta 52 de Freud?

JL – Sim. Encontramos também outras passagens nas quais ele quase que toca essa idéia, mas Freud ficou prisioneiro da idéia de que as pulsões eram pura e simplesmente biológicas e endógenas. Eu não nego absolutamente o biológico e o endógeno, mas acredito que o domínio da psicanálise não é o endógeno. Existe o endógeno, existe o biológico, absolutamente, mas o próprio da psicanálise, ou seja, a sexualidade e as fantasias, não é endógeno. Não podemos considerar as fantasias como sendo pura e simplesmente endógenas, ao contrário daquilo que pensou Freud num certo momento e ao contrário do que pensou Melanie Klein ou Susan Isaacs. Meu pensamento não é absolutamente antibiológico. Ele dá seu lugar ao biológico e diz que o domínio da psicanálise, que é o domínio das pulsões sexuais (que chamo pulsões sexuais de vida e de morte), está fora do biológico. Esse domínio fundamenta-se no domínio biológico, mas está fora do biológico, ele é relacional. E nesse relacional, coloco o primeiro acento não no vetor que vai de mim para o outro, mas no vetor que vai do outro para mim.

Vocês me questionaram a respeito do complexo de Édipo. Não acredito que deva ser dito que a teoria da sedução substituia o complexo de Édipo. Não se deve dizer: "Antigamente o complexo nuclear era o complexo de Édipo, agora é o complexo de sedução". A sedução não é um complexo, ela é uma situação originária, logo ela é uma situação, eu diria, até mais fundamental que a do Édipo. Por quê? Porque a relação da criança pequena com um adulto poderia existir, mesmo, por exemplo, se não houvesse família. Imaginemos, como na ficção científica, que se façam crianças nos tubos de ensaio. Mesmo assim permaneceria uma relação adulto-criança, mesmo se não existisse mais família. Essa relação originária é o fato de que uma criança pequena se encontra confrontada a um mundo adulto já evoluído, cultural e sexual. Para mim, trata-se de uma situação mais fundamental.

Quanto ao complexo de Édipo – o grande complexo – penso que, nessa medida, é preciso considerá-lo como muito importante, mas, apesar de tudo, como algo contingente e variável. Penso que é necessário, sob esse ponto de vista, reavaliar um pouco o culturalismo e dizer que as formas do complexo de Édipo, ou as formas do complexo de castração, ou outras – tudo que pode ter sido inventado – são muito variáveis e que elas não são estruturas fundamentais do inconsciente vindas do biológico. Aliás, não se saberia como o complexo de Édipo viria do interior e do biológico. Freud, num determinado momento, acreditou que ele era herdado, mas é muito difícil pensar a filogênese do complexo de Édipo. Eu acredito que essas grandes teorias que a psicanálise descobriu não são, falando propriamente, a metapsicologia. A psicanálise descobriu no ser humano grandes mitos como esses. Não foi ela quem os fabricou, ela os encontrou no ser humano. E esses grandes mitos são uma maneira para o ser humano de procurar fazer face justamente ao enigma da mensagem do outro, uma maneira de pôr em ordem esses enigmas. Dito de outra maneira, situo os grandes complexos do lado do processo secundário da simbolização, do organizador, e não do lado do processo primário e do inconsciente. Para mim o complexo de Édipo não é o complexo nuclear do inconsciente; ele é uma maneira de organizar o inconsciente. Eu disse uma vez, por brincadeira, que o homem Édipo foi o primeiro assassino por sentimento de culpa, ou seja, ele não tem uma culpa porque matou, mas ele tinha uma culpa ou uma angústia fundamental e matou para dominar essa angústia. Isso seria um pouco no mesmo sentido de Eichhorn, quando ele explicou, certa vez, que os jovens podiam cometer crimes por sentimentos de culpa. Penso que Édipo realizou o complexo de Édipo, não porque era obrigado a isso pelo inconsciente, mas para dominar o inconsciente.

RP – Isso pode ser colocado em relação com o fato de Édipo haver encontrado a Esfinge antes de Tebas?

JL – Sim, ele encontrou o enigma da Esfinge e o complexo é uma maneira de responder ao enigma. Talvez a Esfinge fosse a figura do outro, a figura anterior ao incesto e ao crime.

Vocês me perguntam igualmente a respeito do *après-coup*[6], a *Nachträglichkeit*. Minha posição é bastante complexa a respeito do *après-coup*. Tenho um remorso: é um artigo de quarenta páginas sobre a *Nachträglichkeit* que está para ser terminado há três ou quatro anos... Há duas interpretações da *Nachträglichkeit* e procuro encontrar uma terceira.

É preciso dizer que, para Freud, a *Nachträglichkeit* tem, fundamentalmente, um efeito determinista, ou seja, alguma coisa foi depositada em algum momento e ela tem seus resultados *après-coup*. Isso se daria exatamente da mesma maneira como quando alguém coloca uma bomba com controle remoto num avião e a bomba explode *après-coup*. Não há mistério: o tempo se desenvolve desde o momento em que se põe a bomba até a explosão. A flecha do tempo é, então, retilínea.

---

6 Traduzido para o português como *a posteriori*. Para uma discussão detalhada dessa tradução consulte o *Dicionário Comentado do Alemão de Freud*, de Luiz Hanns, Imago, 1996.

Pode-se compreender o *après-coup* de outra maneira: ao ver uma casa que cai, eu digo, *après-coup*: "Ela estava malconstruída". Ou seja, eu volto atrás e, dessa vez, interpreto a flecha do tempo ao contrário. Nas perguntas vocês dizem que são os franceses que têm esse ponto de vista. Não são somente os franceses. Vocês têm aí todos os adeptos da hermenêutica psicanalítica atualmente, dizendo que o sentido do acontecimento não vem da infância, mas que somos nós que reprojetamos para trás nossa interpretação a respeito. Pensemos, aqui, nas idéias de Schafer ou de Spence a esse respeito, ou nas idéias de Thomä e Kaechele: todas essas pessoas interpretam a *Nachträglichkeit* no sentido de uma hermenêutica, ou seja, pouco importa aquilo que se passou na infância, nós, adultos, reinterpretamos aquilo que aconteceu, nós fazemos uma história do passado como o queremos.

RP – Mas, nesse momento, estaríamos muito próximos de Jung...

JL – Sim, isso mesmo. É a *Zurückfantasieren* (fantasiar retroativamente: do presente em direção ao passado). Para mim o essencial da hermenêutica diz respeito à *Zurückfantasieren*, que, acredito, não é mais válida do que a outra direção, ou seja, a do determinismo do passado em direção ao presente. Então, o que fazer?

Na verdade, acredito que exista alguma coisa que está no começo, mas que não está completamente determinada, porque é uma mensagem e, mais especificamente, uma mensagem enigmática. Assim, o que está no início não é uma causa, mas é alguma coisa que é dada como sentido, mas como sentido que é necessário interpretar e traduzir. Eu tomo o exemplo que dá Freud na Traumdeutung (*A Interpretação dos Sonhos*) sobre a *Nachträglichkeit*, no qual ele conta a seguinte história: um jovem – grande apreciador das mulheres – encontra, certa vez, uma linda mãe que dá o seio ao seu bebê, e esse jovem diz: "Que pena que eu não soube isso quando era pequeno". Freud dá esse exemplo para explicar a Nachträglickeit. Esse exemplo pode ser compreendido no sentido da hermenêutica, ou seja, tudo vem do adulto. Jung vai dizer, ou a hermenêutica vai dizer: a relação da criança com o seio é puramente inocente e é o adulto que projeta para trás seus desejos. Ou então, inversamente, Freud vai dizer: a criança já é sexual e tornou-se sexual no adulto, mas tudo vem da criança. Eu digo simplesmente que Freud, no seu exemplo, esqueceu alguma coisa: a mãe que amamenta. Ele se esqueceu de que há um outro personagem na cena: aquela que amamenta e que ela é sexual quando dá o seio à criança.

RP – ... e envia mensagens enigmáticas...
JL – Isso mesmo. Veja então: a *Nachträglichkeit* não está nem inteiramente na direção passado-presente, nem inteiramente na direção presente-passado, embora aquilo que seja dado já esteja dado, mas dado numa mensagem e não num determinismo biológico puro e simples. Quanto à bomba que explode, para retomar o exemplo do avião, não estamos completamente seguros: a bomba que explode é enigmática!

RP – Nós teremos simplesmente "versões" a respeito de tudo isso...
JL – Sim, temos diferentes traduções, mas, apesar disso, a mensagem está lá de qualquer maneira: não podemos negar que houve, na partida, uma mensagem sexual.

RP – ... que nos faz pensar sem parar...
JL – ... É isso, é ela que nos faz pensar. Agora falemos a respeito do congresso da IPA em Barcelona. Eu tenho muitas coisas a dizer a respeito da sexualidade e é típico da instituição internacional que não me tenham pedido um relatório sobre isso. Mas é assim, a instituição é dessa forma: é uma burocracia que decide, e isso é típico da burocracia internacional. O que se pode fazer?

Quanto a mim, eu também não esperei André Green para dizer que, na verdade, a psicanálise fala sempre e tão somente do sexual, e isso porque acredito que mesmo a pulsão de morte é uma pulsão sexual. E eu insisto: a psicanálise fala tão somente do sexual. O domínio da psicanálise é o domínio do sexual, não somente o sexual biológico (que existe), mas o sexual fantasmático. Pergunto-me, então, se esse congresso – tão clássico – conseguirá dizer coisas psicanalíticas, visto que o movimento psicanalítico atual é um movimento de dessexualização. Não estou seguro de que um congresso será suficiente para recolocar a sexualidade na sua devida posição.

Vocês perguntam também a respeito de minha opinião sobre a teoria e a metapsicologia. Vocês sabem que eu sou completamente a favor da metapsicologia. Acredito que a metapsicologia é um pensamento rigoroso e não um pensamento mítico como Freud algumas vezes sugeria. Essa idéia da bruxa metapsicológica é um pouco perigosa, porque pode levar a pensar que a metapsicologia é a respeito de fantasias. Para mim, o domínio próprio da metapsicologia e o ponto de partida não é a clínica, mas é a prática. Para mim, a grande invenção de Freud é a prática e não a clínica. Eu faço uma grande diferença entre as duas. A clínica é a descrição dos mecanismos psíquicos (as neuroses, as psicoses, etc.) e, para mim, a invenção genial de Freud é a prática. Ela é genial porque está numa espécie de comunicação interna com a situação originária do ser humano. Ele inventou, com a situação analítica, uma situação que se encontra em ressonância com a situação originária do pequeno ser humano. Ele renovou, então, alguma coisa da situação de sedução originária na prática psicanalítica. Para mim, a finalidade da metapsicologia – e isso é o que me levou a ela – é a de dar conta da eficácia extraordinária dessa prática psicanalítica. E por quê? Porque a prática psicanalítica consegue mudar coisas – dificilmente – mas mudar coisas que existem depois dos primeiros anos de vida. E, se podemos mudar, é porque essa situação tocou em alguma coisa que está em relação com a sedução originária.

RP – Ou seja, a prática psicanalítica recoloca a situação originária e cria uma nova oportunidade.

JL – Ela reitera, de uma outra maneira evidentemente, mas ela reitera a relação no que se refere ao enigma.

RP – Sempre me pareceu curioso que Freud empregue a figura da bruxa no momento em que se refere à metapsicologia.

JL – Eu penso que é um pouco uma imagem de Jung. Nos seus discípulos, não em Ferenczi, mas em Lou Andreas Salomé, há expressões como a bruxa metapsicológica, "a metapsicologia é nossa mitologia". Não concordo absolutamente com isso. Penso que isso vem do fato de que, no pensamento psicanalítico, não se soube distinguir bem dois aspectos: os mitos, efetivamente descobertos pela psicanálise no ser humano – a respeito dos quais eu falava há pouco, mas que não são a teoria psicanalítica – e, por outro lado, a teoria da relação originária, ou seja, essencialmente, a teoria do recalcamento e da constituição do aparelho psíquico. Essa segunda parte é, na minha opinião, uma parte que deve ser rigorosa no sentido de que não é científica como a matemática, mas que pode ser discutida e que podemos procurar modelos cada vez mais bem adaptados para essa metapsicologia. Eu, pessoalmente, procurei trazer um modelo do tipo não-lingüístico no sentido de Lacan, mas um modelo moldado na linguagem e que eu chamo de modelo tradutivo. O modelo da tradução é, aqui, um modelo mais amplo que o modelo lingüístico, na medida em que existem igualmente traduções nas linguagens que não são organizadas, ou seja, pode-se traduzir uma mensagem não-verbal. Repetindo, essa noção é mais ampla que a noção lingüística, porque existem traduções de mensagens que não se baseiam nessa linguagem: os gestos, a mímica, a música. E, para a criança, há um mundo de linguagem que ela deve traduzir antes de ter acesso à linguagem organizada.

A respeito de Donald Meltzer, devo dizer que não o conheço. De acordo com a pergunta, ele diz: "Este conflito surge pela admiração do exterior do objeto, etc". Pergunto-me se não ficamos aí, ainda, numa concepção que eu chamaria de ptolomaica, ainda não copernicana.

Existe uma noção na qual estou trabalhando neste momento: é a noção de sublimação. A noção de sublimação, assim como está, constitui-se num impasse para a psicanálise.

RP – O senhor escreveu um livro sobre a sublimação...
JL – Fiz um livro que mostra que a sublimação é um impasse, mas agora procuro ir além do impasse e penso: por que a sublimação seria um impasse? É porque, uma vez mais, ela procura explicar tudo a partir de pulsões internas. E é preciso tentar pensar a sublimação igualmente a partir do outro, ou seja, da estimulação do outro.

RP – ... dentro da teoria da sedução generalizada?
JL – Sim, é isso mesmo. Penso, aqui, numa noção como a de inspiração, que foi uma noção dos românticos alemães, embora eles não a tenham elaborado. Acho muito interessante colocar em foco a noção de inspiração, porque nela, uma vez mais, o que está em jogo é o vetor que vem do outro e não o vetor que vem de mim. Eu sublimo, mas eu sou inspirado, ou seja, o vetor da inspiração vem do outro. Evidentemente é necessário desembaraçar essa noção de todo aspecto mítico; não se trata de fazer misticismo, mas é preciso voltar à idéia de que o próprio da criatividade é estar aberto à mensagem do outro e não somente refabricar as coisas a partir das suas pulsões puramente internas.

RP – Teria alguma coisa com a idéia de "musa?"
JL – Sim, algo assim, mas, evidentemente, sem misticismo. Se bem que um pouco de misticismo não é assim tão mau... Só um pequenino grão... Eu vejo os artistas, por exemplo, alguém como Giacometti: para mim ele é o exemplo próprio de alguma coisa que ultrapassa a idéia de sublimação. Ele busca alguma coisa, mas é alguma coisa que, na sua partida, é uma estimulação que lhe veio do outro.

RP – Então teremos o prazer de lê-lo a esse respeito.
JL – Em 1997, irei a Montevidéu e seguramente a Buenos Aires, mas não acredito que possa, então, ir a Porto Alegre. Talvez em 1998. É preciso que eu veja isso. Não é impossível.

RP – Seria uma grande honra poder recebê-lo em Porto Alegre em 1998. Estudamos seu pensamento e procuramos compreendê-lo,

mas gostaríamos de poder igualmente contar com a sua presença, visto que o senhor é uma fonte de inspiração para todos nós.
JL – Ir a Porto Alegre me trará um grande prazer.

RP – *Muito obrigado. Eu gostaria de, mais uma vez, lhe agradecer, em nome da nossa Revista de Psicanálise e da Sociedade Psicanalítica de Porto Alegre.*
JL – Muito bem. Agora vamos conhecer a tina da bruxa (risos).

Anexo

Questões formuladas pela *Revista de Psicanálise* e previamente enviadas ao Dr. Laplanche:

1 – Conhecemos e estudamos o prof. Laplanche, tradutor fundamental de Freud, incluindo uma obra especificamente sobre esse tema. Conhecemos também o Prof. Laplanche, exegeta de Freud, tanto, por exemplo, no *Vocabulário da Psicanálise* como na série Problemáticas, na qual, como o próprio professor gosta de destacar, o criador da psicanálise é posto a trabalhar. Conhecemos e estudamos, finalmente, o prof. Laplanche como autor psicanalítico, com sua teoria da sedução generalizada que proporia, inclusive, novos fundamentos para a psicanálise. Levando em conta todo esse seu cabedal de pesquisa, estudo, reflexão e criação, nós lhe perguntamos: o que o sr. considera como os principais desafios quanto à teoria e quanto à prática psicanalíticas nesta virada do século?

2 – Ainda dentro do espírito da pergunta anterior, ocorreu-nos que, no próximo ano, 1997, estaremos comemorando o centenário do desaparecimento (manifesto) da neurótica (a teoria da sedução) e do aparecimento do complexo de Édipo, transição essa muito bem

dissecada pelo sr. Como considera a situação do complexo de Édipo cem anos depois? Levando em conta sua teoria da situação e da sedução originárias, esse complexo ainda continuaria sendo o complexo nuclear das neuroses? O Édipo que circula atualmente nos textos psicanalíticos é ainda o mesmo de cem anos atrás? A situação edípica precoce descrita por Melanie Klein constituiria apenas um importante acréscimo à teoria do Édipo freudiano, ou envolveria, como pensa Willy Baranger, uma mudança de um aspecto central de toda a teoria do criador da psicanálise, por confundir, por exemplo, aquilo que é uma prioridade cronológica com uma preeminência na determinação, uma prioridade lógica, pois, segundo esse autor, na ordem lógica, a situação triangular antecede à situação dual?

3 – Numa revisão de 1993 sobre a psicossexualidade e a diferença entre os sexos, no livro *The Gender Conundrum* (Routledge, London & New York), Dana Breen diz a certa altura que a noção de *Nachträglichkeit*, envolvendo uma reestruturação psíquica retrospectiva, a partir do complexo de Édipo e da castração, marca uma diferença essencial na concepção geral da psicanálise entre grande parte dos psicanalistas franceses em relação aos anglo-saxões, esses últimos ligados a uma concepção progressiva linear do desenvolvimento psíquico. Já que o sr., com Pontalis, é um dos responsáveis pela divulgação desse importante conceito resgatado por Lacan da obra de Freud, gostaríamos de saber qual seu ponto de vista sobre essa afirmação. Essas possíveis diferenças conceituais, caso fossem tão fundamentais (a ponto de originarem concepções distintas da psicanálise como um todo), teriam repercussões decisivas na prática clínica? Estaríamos diante de diferentes modelos de um mesmo paradigma ou de distintos paradigmas, se é que esse conceito de Khun é aplicável à psicanálise?

4 – O tema oficial do próximo congresso da IPA, em Barcelona, será a sexualidade, e consideramos que o sr. tem coisas muito importantes para dizer a respeito dessa questão. Recentemente, num

artigo publicado no IJPA, intitulado Has sexuality anything to do with psychoanalysis? (1995), o dr. André Green disse que a sexualidade, considerada por Freud como central no desenvolvimento psíquico, na teoria psicanalítica e no trabalho clínico, tem sido negligenciada pela psicanálise atual e que, inclusive, o conceito atual de sexualidade não é o mesmo de Freud. Qual o seu ponto de vista a esse respeito?

5 – O sr. considera possível uma teoria clínica psicanalítica que dispense a bruxa metapsicologia?

6 – No livro *Novos Fundamentos para a Psicanálise*, o sr. diz que "a situação analítica instaura uma relação originária com o enigma e com o seu portador" e que, nesse contexto, o essencial é a recusa do analista "do saber" e "de saber", sendo esse o motor que propulsiona o tratamento, pois "é a corrida atrás do saber que sujeita e propulsiona o analisando assim como propulsionou a criança". Donald Meltzer dá uma importância central, no desenvolvimento humano, ao que ele denomina de conflito estético, envolvendo a admiração pelo exterior do objeto, diretamente acessível aos sentidos, *versus* seu interior enigmático, que só pode ser apreendido mediante a imaginação. Esse conflito mobiliza tanto o desejo de conhecer, preservando a liberdade do objeto, como o desejo de possuí-lo ou de violá-lo. O sr. veria alguma relação ou alguma possibilidade de articulação de suas idéias acima referidas com o conflito estético de Meltzer?

Transcrição e tradução: Maria Carolina dos Santos Rocha
1ª revisão técnica: Raul Hartke
2ª revisão técnica: Cesar Brito e Paulo Oscar Teitelbaum

© *Revista de Psicanálise – SPPA*

Norberto Carlos Marucco

Norberto Carlos Marucco nasceu em Buenos Aires no ano de 1939. Com formação médica, tornou-se analista titular pela Associação Psicanalítica Argentina, tendo sido seu secretário. Foi coordenador científico da FEPAL (Federação Psicanalítica da América Latina) de 1982 a 1984, presidente do 1º Comitê Editorial para a América Latina do International Journal of Psychoanalysis e da International Review of Psychoanalysis, publicada pelo Instituto de Psicanálise da Sociedade Britânica de Psicanálise (1983-1986). É autor do livro *Cura Analítica e Transferência – da repressão à desmentida* (1998), em que aborda, como eixos fundamentais, a problemática da cura e o papel do analista hoje. Fundamenta sua concepção pessoal de uma "terceira tópica psíquica" com a sua atual teorização das "zonas psíquicas" (áreas de funcionamento psíquico coexistentes). Tem artigos publicados nos livros *Voltando a pensar com Willy e Madeleine Baranger* (1999) e *Qui e ora...con me* (A cura de Maria Pierri), editado em Turim, Itália, em 2001.

Esta entrevista foi concedida, em 16/6/2000, aos membros da comissão editorial da Revista de Psicanálise da SPPA, Carmem Keidann, José Carlos Calich, Jussara S. Dal Zot, Magali Fischer e Paulo Henrique Favalli.

RP – Gostaria de agradecer ao dr. Norberto Carlos Marucco pela entrevista que vamos realizar para a Revista da SPPA. O Dr. Norberto Carlos Marucco é psicanalista didata da Associação Psicanalítica Argentina e está participando de uma série de conferências e supervisões na nossa Sociedade. Hoje se apresenta neste programa de entrevistas e lhe pediríamos que iniciasse falando de sua trajetória pessoal, sua formação, seus supervisores, a prática clínica e suas influências fora da psicanálise.

NCM – É muito bom estar aqui com vocês. Hoje acordei com a idéia desta entrevista, um pouco grato por um lado e com algum temor por outro. Pensei nas perguntas de como e quando tinha começado e, então, me lembrei que foi há muito tempo.

Pois bem, eu me formei como médico lá por 1965. Nesse ano em Buenos Aires, houve um fenômeno muito curioso. A Faculdade de Medicina foi ocupada, momentaneamente, pelos psicanalistas. Havia uma sala de anatomia enorme. Talvez eu a lembre com os meus olhos daquela época, mas era impressionante, um anfiteatro, e nela, Garma, Rascowsky, Abadi, os pioneiros, dariam um curso: os problemas psicanalíticos. Não lembro bem dos temas, mas lembro de ter ouvido Garma e Rascowsky falarem sobre patologia psicossomática. A sala estava lotada, bem mais do que durante as aulas de anatomia.

Em Buenos Aires, nessa época, havia muitos estudantes de medicina. Esse foi meu primeiro impacto. Justamente recordo que as aulas eram nas terças-feiras todo o ano, e tínhamos de chegar uma hora antes para conseguir um lugar no anfiteatro. A partir desse fato, houve uma grande faixa de médicos argentinos que começaram a se interessar pela psicanálise. Bom momento para se começar a pensar na importância desta relação entre psicanálise e Universidade, tão problematizada também nos tempos de hoje, quanto a ser ou não conveniente que a psicanálise entre na Universidade. A meu ver, penso que é conveniente sim, e a prova é que toda uma geração significativa de psicanalistas, a minha geração, teve como ponto de partida essa entrada.

O segundo momento foi o dado pessoal de ter cursado psiquiatria com um professor que era candidato do Instituto de Psicanálise naquele momento. Assim a psiquiatria que eu vivi foi dinâmica, com muitas contribuições desse psicanalista. Diria que, naquele momento, fui marcado pelo interesse pela psicanálise. Terminei minha faculdade, e esse professor de psiquiatria, Guillermo Vidal, um homem de inteligência e cultura incomuns deixou sua carreira analítica por brigas internas na APA.

Quando me graduei como médico, ele me convidou para participar da sua clínica psiquiátrica. Era uma espécie de comunidade terapêutica, como várias que cresceram nos anos sessentas. Eu tive uma experiência muito importante, porque, dentro do marco clínico psiquiátrico, tendo como figuras de aproximação pacientes gravíssimos, usávamos métodos psicanalíticos para tratá-los, ou seja, o tratamento se fazia com sessões psicanalíticas.

RP – Os pacientes estavam internados?
NCM – Sim, estavam. Havia reuniões com as famílias, grupos de familiares coordenados por nós mesmos, reuniões de equipe, com todos falando de tudo o que sentíamos com cada paciente. Foi uma experiência fascinante. A partir daí decidi ingressar na Associação Psicanalítica Argentina, nos anos setentas, e então comecei minha análise didática com Mauricio Abadi.

Mauricio Abadi impressionou-me muito com o livro que tinha publicado, *Renascimento de Édipo*. Devo reconhecer que muitas de minhas idéias psicanalíticas atuais germinaram desse primeiro livro que li. A posição de Abadi sobre o Édipo era bastante pessoal. Fiz minha análise didática com ele, numa época em que a APA era muito rica, por um lado, e muito polêmica por outro. Na época em que entrei, havia duas correntes, uma kleiniana e uma nova com dois vetores. A primeira era de alguns psicanalistas tocados pelo pensamento lacaniano e que faziam um retorno a Freud e o segundo de analistas que, sem serem tocados pelo pensamento lacaniano, também haviam retornado a Freud.

Eu, então, sou um dessa camada de analistas da APA que iniciou a carreira com a vigência do pensamento kleiniano, mas marcado pelo retorno à obra de Freud. Por isso estudei-o muito. Foi por anos a fio meu único texto de referência, não só durante a formação, mas também depois dela. A leitura de Freud foi, para mim, naquele momento, muito importante. Estudei com muita gente, mas basicamente só e nos meus próprios grupos de estudos que formei rapidamente.

Era uma época bastante diferente da atual em relação à psicanálise. Havia uma paixão pela psicanálise no mundo intelectual argentino. As pessoas falavam, pensavam, discutiam psicanálise. Nas reuniões sociais também se falava em psicanálise e se discutia psicanálise.

Não sei se cabe salientar que, naquele tempo, houve uma divisão entre APA e APdeBA. Eu escolhi ficar na APA. Vários dos meus amigos foram para a APdeBA. E vários da APdeBA dizem que seus amigos ficaram na APA. Felizmente já se passaram muitas gerações, e agora voltamos às posições naturais, voltei a encontrar os meus amigos. Mas essa ruptura foi realmente uma lástima, houve perdas substanciais na psicanálise argentina de pelo menos uma década.

Eu sou muito grato à APA, porque, quando ingressei, houve uma modificação do regulamento do Instituto de Psicanálise. Essa modificação permitia passar-se do currículo imposto para a livre escolha do currículo. Eu comecei, logo após, com a possibilidade de escolher professores. Eles se apresentavam como num concurso, e os candidatos escolhiam as matérias e os professores. Havia a possibilidade de cada aluno montar seu currículo e, desse modo, havia pessoas que seguiam currículos mais kleinianos, outros mais freudianos e outros mais ligados a outros autores. Minha impressão é que isso enriquece a formação psicanalítica.

RP – Continua assim atualmente?

NCM – Continua. Tive dois supervisores fundamentais para mim, em particular uma delas, Luiza Alvarez de Toledo, uma analista curiosamente muito kleiniana, mas que, clinicamente, era apelidada de "bruxa", pois adivinhava. A gente levava-lhe o material e, quando ela começava a ler, na metade da página, já sabia o final, sempre. Era notável sua profundidade e clareza. Tive uma relação excelente com ela. Nós discutíamos, ela desde a sua teoria kleiniana e eu desde a minha, freudiana, e chegávamos, quase sempre, a acordos. Faleceu há dois anos.

A outra parte da minha formação, naquela época, implicava em formações básicas. Eu estudei filosofia. Era imprescindível, então, estudar-se marxismo, pois havia a intenção de ligá-lo à psicanálise. Mas isso era geral em Buenos Aires. Parecia que aquele era o momento de entrelaçar Freud com Marx. Obviamente que a experiência foi um fracasso. O que não fracassou foi o prazer imenso da discussão.

A psicanálise, na época, embora fosse uma prática, estava sendo consolidada como tema intelectual. Houve diversos cruzamentos, por exemplo, com a religião. Assim eu a estudei por muito tempo com padres e rabinos; nos interessavam demais as diferentes conexões entre tudo isso. Mas logo as coisas foram se aquietando, e comecei a ter Freud como companheiro de cabeceira. Durante vinte anos, eu o lia todas as noites.

Vou fazer um parêntese para contar uma história engraçada: é sobre o tradutor da coleção, que editou meu livro *Cura analítica e transferência*. Ligam-me da editora dizendo que havia interesse em editar meu livro e se eu queria fazê-lo com eles. Eu respondi que sim, mas que gostaria de pensar um pouco sobre isso. Então me disseram: "Olhe, o dr. Etcheverri, que foi o tradutor da obra de Freud, se o senhor não se opuser, poderá ir à sua casa e conversar sobre a experiência e a montagem do livro." Eu disse que não havia nenhum inconveniente, pelo contrário, interessava-me enormemente conhecer o Dr. Etcheverri. Então, quando ele chega à minha casa, toca a campainha, abro a porta e digo para ele, com um tom de satisfação: "Dr. Etcheverri!" E ele responde: "Você me conhece?" E eu: "Sim, dormi com o senhor aproximadamente durante vinte anos". Ele ficou me olhando e rindo. Mas eu lia avidamente Freud, e a tradução de Etcheverri era muito importante para os psicanalistas argentinos.

RP – O senhor fez várias comparações com a atualidade. Talvez fosse interessante dar a sua opinião de como está a psicanálise na Argentina, na América Latina no momento atual.

NCM – Este tema me interessa particularmente. Eu acho que houve até agora uma época muito rica, mas que derivou num processo bastante negativo para a psicanálise, já que se falava de psicanálise até nas reuniões sociais. Num determinado período, penso que foi até necessário, naquele em que era tanta a paixão que nos alimentava. Mas logo isso deslizou para uma espécie de idealização da psicanálise: idealizados eram os psicanalistas, os métodos psicanalíticos, absolutamente tudo era interpretado, em qualquer lugar havia interpretação.

Os pacientes freqüentavam maciçamente os consultórios psicanalíticos. Durante muitos anos, as patologias que chamamos de atuais não eram tratadas pelos psicanalistas. Se o paciente não se enquadrava, azar do paciente. Acho que isso trouxe como conseqüência um problema muito sério: houve muitas análises que falharam, inclusive análises didáticas, o que, em conseqüência, se estendia a análises terapêuticas. Só que esses analistas "falhos" foram produtos de tanta oferta (nesta época havia lista de espera para analistas). Eu, por exemplo, quando fui fazer a minha formação e escolher o analista didata, tive a grande sorte de consegui-lo logo, mas com outros psicanalistas didatas se deveria aguardar de cinco a sete anos para que marcassem uma hora. Ou deveríamos nos inscrever numa lista, e quando um analista, qualquer que fosse, tivesse uma vaga, deveríamos aceitá-la.

Vejam bem o poder que tinha a psicanálise. Era só se analisar que estaria tudo resolvido. A psicanálise iria mudar a nossa vida e assegurar toda a subsistência econômica, de uma vez e para sempre. Asseguraria também a vida afetiva, tudo. Com isso, a figura de um psicanalista era pouco possível de ser questionada, e, quando algo não funcionava numa análise, sempre a culpa era do paciente. O que trouxe, desde o meu ponto de vista, muitos anos de impasse no desenvolvimento teórico, já que não se reconheciam obstáculos, não havia nada que a psicanálise devesse superar, que o analista, com o desenvolvimento teórico-técnico, pudesse entender melhor.

Os pacientes deveriam se acomodar a não terem resistências, o que não era compreendido, mas hoje é. Quando isso foi mudando, foram se produzindo, obviamente, tentativas para recuperar o que tinha sido o início da psicanálise, aquilo que aparece em Lacan no retorno a Freud e no retorno a uma posição que, justamente, questionava o poder da psicanálise. Mas me parece que Lacan cai logo na mesma problemática: certo exercício de poder abusivo por ele mesmo e pelos que estavam ao se redor, como sempre ocorre na psicanálise. De qualquer maneira, começou a trazer um certo progresso.

A psicanálise passa, basicamente, pela possibilidade de se questionar o próprio psicanalista e seus limites dentro da cura. Isso nos leva a pensar que o cenário psicanalítico não é o cenário da psicopatologia do paciente. É o cenário de um encontro, de um campo analítico, onde a pessoa do analista, a análise do analista é o ponto-chave. Então, se muitos pacientes falham com um analista, não é só porque esses pacientes têm resistência, mas porque esse analista talvez tenha de revisar algo que ele não terminou de revisar, ou porque tenha de retornar a revisar, já que a vida o está obrigando nesse sentido.

Com tudo isso, acho que a psicanálise atual tem esses problemas. Por um lado, algo chamado de negativo: há uma diminuição notável do número de consultas. A psicanálise deixou de ser uma profissão muito rentável. Digo muito, pois hoje passa a ser rentável como outras tantas. Mas num período, foi muitíssimo rentável, o que tem algo de negativo e desanimador para alguns psicanalistas que se formaram na época de ouro e têm dificuldade em aceitar que ela acabou. Não é assim para as pessoas novas que estão começando. Houve, porém, um aspecto muito positivo, a meu ver, que é a exigência no avanço teórico. É uma sorte que, por causa dessa crise, tenhamos deixado de ser repetidores de Freud, Klein, Lacan e Bion.

Tivemos e temos muito mais, no ano 2000, em minha opinião, a necessidade de recriar a psicanálise. Recriá-la para atender a uma psicopatologia complexa. Digo complexa pelos diferentes fatores que intervêm e pelos diferentes motivos por que um indivíduo sofre. É complexa, porque há um elemento que ainda não está muito explorado pela psicanálise, que é a influência do cultural no processo da estruturação psíquica da subjetividade e, obviamente, da patologia. Nessas circunstâncias, se a psicanálise atual deixa de lado e em paz a perda de sua idealização e deixa de se incomodar porque perdeu o seu lugar idealizado, ganha a possibilidade de aprofundar a teoria com os diferentes marcos teóricos com que contamos. Se houver o aprofundamento da teoria e a reformulação da técnica, tenho a impressão de que o futuro da psicanálise não só estará assegurado, como será progressivamente mais feliz.

RP – Qual é essa reformulação técnica?

NCM – Esse é um ponto forte na problemática da psicanálise, que afeta a relação dos psicanalistas que pertencem à IPA com a própria direção da IPA. Nisso eu não estou só. Estou contente e satisfeito de ser membro da IPA, mas tenho as minhas divergências com certas posições. A reformulação da técnica é uma delas. Eu devo dizer que acho necessária a reformulação, por exemplo, dos padrões de formação em termos de quatro sessões semanais. Os argumentos para sustentar esse ponto não me satisfazem. Há exemplos práticos: psicanalistas canadenses formam-se com três sessões semanais, os analistas franceses analisam-se com três sessões semanais também, o mesmo ocorre no Uruguai. Eu perguntei a algumas autoridades da IPA o que acontece: são eles menos analistas do que nós?

Acho que o número de sessões é um ponto de debate muito sério, muito mesmo, pois não penso que uma psicanálise possa ser definida pelo número de sessões, mas, sim, pela possibilidade de atuar sobre o inconsciente do outro. E isso às vezes ocorre com quatro sessões, outras vezes não ocorre nem com cinco, às vezes ocorre com uma ou duas. Depende do paciente, do analista e da situação.

Na realidade, penso que, se pudéssemos ter um enquadramento mais elástico, em que fossem levados em conta os diferentes momentos da análise e as diferentes zonas que nela vão aparecendo, se teria um enquadre mais apto à realidade clínica do paciente de hoje. Mas isso não tem a ver só com a formação, pois é um ponto muito particular. Na formação, posso aceitar que talvez fosse conveniente um maior número de sessões, pois um analista não só faz uma análise terapêutica, mas também uma análise muito particular, que é a da formação. Mas me refiro a quando a formação se estende à prática privada com os pacientes que consultam. Aí sim, vejo isso como um erro grave. Pois não me parece possível encontrar muita gente, em centros como Buenos Aires, suponho que em Porto Alegre também, que disponha de tempo interno e externo para freqüentar quatro vezes por semana um psicanalista. Não podemos negar a importância dos processos culturais e que, nesse sentido, não há tempo disponível.

Quando comecei a analisar um paciente, ele tinha quatro sessões por semana, e eu podia marcá-las às três da tarde, horário de trabalhar. Mesmo que vocês achem engraçado, se ele dizia no seu trabalho: "Tenho que ir ao analista", lhe respondiam: "Está bem" e o autorizavam a sair.

Com o mundo globalizado, a flexibilização trabalhista, os efeitos do desemprego nos dias atuais, quem é que teria coragem de dizer a seus chefes: "Vou saindo, pois tenho uma consulta com meu analista?". Ninguém. Então o que acontece a esse paciente que vai se tratar duas vezes na semana? Não faz análise? Faz psicoterapia? Se faz psicoterapia e não análise, o futuro da psicanálise acabará, pois não haverá mais pacientes.

O que temos, pois, a fazer é ver como empregar nossa bateria psicanalítica, todo o poder teórico da psicanálise para as condições que a técnica nos permite utilizar. Pode ser o número de sessões e outros elementos. Assim como menciono o número de sessões, nessas condições em que a cultura desempenha um papel importante, também menciono o tempo de duração das análises.

Quando comecei com a psicanálise, analisei-me durante quinze anos. Esse era um número médio, não era longo. Havia tratamentos de vinte e cinco a trinta anos. Mais uma vez, a análise não é algo que deva competir com a vida. A vida é a vida, e a psicanálise é uma parte dessa vida. Então, alguém não pode dedicar quatro horas da semana, que somam oito com os trajetos de deslocamento, a uma tarefa como a de se analisar, quando há tantas outras coisas para se fazer.

Quero alinhavar essa idéia com a seguinte: acho que a psicanálise se define eminentemente por sua condição terapêutica. Sei que há muitos psicanalistas que pensam diferente, mas é assim que eu penso: não entendo a psicanálise como uma pesquisa sobre quem eu sou. Mesmo que o método terapêutico consista em passar por essa pesquisa, o objetivo é terapêutico. O objetivo de uma psicanálise, para mim, é que o indivíduo possa mudar, encontrar um sentido diferente para sua vida e diminuir seus sintomas e suas inibições, como dizia Freud, no término da obra: "Uma análise termina quando o paciente superou seus sintomas e diminuíram suas inibições. E além disto, quando a gente pensa que tornou consciente a maior quantidade possível de coisas a serem feitas conscientes. Chegado a este ponto, deixam de se encontrar analista e analisado".

RP – Mas, nesse aspecto, se aproxima, se iguala à psicoterapia...
NCM – Não sei. Talvez seja a mesma idéia. Mas por que acentuo tanto o número de sessões? Porque, se defino a psicanálise como uma prática de quatro vezes por semana, estou decretando a sua morte. É assim que eu vejo. Porque, então, tudo o que eu faça no tempo de três sessões ou de duas vai estar rotulado de psicoterapia, mesmo que seja chamada de psicoterapia analítica. Ora, isso me permite certas licenças dentro da terapia: como é psicoterapia, por que não vou apoiá-lo (o paciente), num momento em que ele esteja frágil? Por que não ficar amigo dele, se ele estiver só? E aí sim, estamos com o rótulo de psicoterapia, perdendo a essência da psicanálise. O que eu coloco, então, é o seguinte: por que, numa terapia de duas vezes por semana, não se pode falar de psicanálise? Por quê? Se puder manter as condições essenciais do método, por que não chamá-la de psicanálise? Teríamos, então, a possibilidade de enriquecer a psicanálise com tudo isso que até agora está a se perder por chamar-se o tratamento de psicoterapia. Não sei se estou sendo claro...

RP – O que o sr. está enfatizando é que a diferença entre psicanálise e psicoterapia não reside no número de sessões e sim na investigação do inconsciente, na priorização da relação transferencial e contratransferencial.
NCM – Claro, o importante é que um analista que trabalhe com duas sessões semanais trabalhe a transferência. Por isso digo que, se é chamada de psicoterapia, imediatamente começa a aparecer a seguinte questão: "Não tem que ser trabalhada a transferência..."

RP – A psicanálise centra-se na relação transferencial.
NCM – Exatamente, isso é o que define a psicanálise.

RP – É possível estabelecer-se uma relação transferencial com apenas duas sessões semanais?
NCM – Sim, é possível. Não há teoricamente nada que diga que não pode ser assim, nem na teoria, nem na prática, nem na realidade clínica. Freud descobre a psicanálise como um fato decisivo. Ele descobriu que a neurose, que tem uma determinação histórica, se apresenta ao analista como uma potência atual pela transferência. A transferência faz atual faz presente aquilo que foi história. Eu não entendo por que, numa psicoterapia de duas vezes por semana, a transferência não há de aparecer. Se houver a neurose, tem de aparecer a transferência. O problema vai ser se nós, como analistas, estaremos preparados para detectá-la.

RP – Sim, quanto ao aparecimento da transferência, de acordo. Mas a elaboração do processo terapêutico? E a vivência da interpretação? E tudo o mais? Isso não precisaria de uma seqüência maior, uma freqüência, uma intensidade maior?
NCM – Bem, isso é um outro tema, que passa pelo da elaboração. A questão elaborativa é um ponto muito particular. E volto a lhes dizer, é por aí, acredito, que a análise do ano 2000 deve começar a trabalhar. Porque, até agora, estamos acostumados a pensar assim: a maior freqüência de sessões assegura um melhor processo elaborativo. Mas é sempre assim? Quantos de nós temos a experiência com pacientes que, depois de um período de análise, utilizam as quatro sessões para que não aconteça nada? E quantos de nós, como analistas, caímos num pacto contratransferencial inconsciente em que também jogamos para que nada aconteça? Outras vezes acontece que, por alguma razão, a gente ou "vai embora", ou algo ocorre conosco, e se altera esse número de sessões. De repente, essa alteração promove uma série de modificações que traçam um caminho elaborativo muito mais rico que essas freqüências tantas outras vezes resistenciais.

De qualquer maneira, o que estou advogando não é poucas sessões frente a muitas e sim a idéia de que exploremos o fato de que não podemos enquadrar isso aqui como psicoterapia, pois estaremos deixando morrer o desenvolvimento da psicanálise. Acho que, nisso sim, a IPA deveria intervir. Julgo que a discussão do próximo congresso internacional sobre métodos psicanalíticos tem como tela de fundo essa problemática.

RP – Eu considero muito importante o que o sr. está dizendo, porque temos visto aqui, em nosso meio psiquiátrico, o quanto se fala em psicoterapia e o quanto não se fala em psicanálise. E a impressão que o senhor tem de que a psicanálise vai morrer, se a gente permitir isso, eu também a tenho. Fiquei muito impressionada, numa reunião recente em outra instituição, em que se falava em transtornos de personalidade e se dizia que a indicação do tratamento era psicoterapia e não psicanálise. É surpreendente isso.

NCM – A posição psicanalítica deve ser clara nesse sentido. Se eu entendo que a problemática de um indivíduo, para sintetizar a idéia, se resume na presença de um fantasma que habita dentro dele, que às vezes eu chamo, em vez de fantasma, de pesadelo que nos conduz pela vida, se a tarefa analítica implica em detectar esse pesadelo, mostrá-lo, torná-lo consciente, penso que o que se pode fazer é substituir o termo quatro sessões, como uma estatística, só um número, por outro termo que é a assiduidade de encontros, muito particular para cada dupla: um, dois, três ou cinco, que, em determinados momentos poderão ser três, dois em outros, pois os momentos assim requerem. Isso para mim é um ponto muito decisivo na psicanálise de hoje.

RP – Com isso se dará mais importância, talvez, à formação do analista.

NCM – Essa é uma peça-chave, porque, repito-o, há um problema muito sério com o número de sessões. Vamos à realidade clínica. Nela, a maioria dos psicanalistas que trabalha com pacientes que não são candidatos trabalha habitualmente duas sessões por semana, pelo menos é assim em Buenos Aires. O problema não é o número, o problema é que, por serem duas sessões, está o tratamento desqualificado e desvalorizado com o termo psicoterapia, mesmo que se acrescente o psicanalítica. Então ocorre o seguinte: não há necessidade do divã, em conseqüência, têm-se duas sessões sem divã. E também não há necessidade de interpretar a transferência. Daí, duas sessões sem divã e sem a interpretação da transferência, do que resulta também que não há a necessidade de interpretar o inconsciente. Ou seja, termina-se esse tempo com diálogos sobre o conteúdo manifesto. O paciente vem com sua agenda e diz: "Segunda-feira tal coisa, terça-feira outra, quarta-feira outra." O analista rebate: "Segunda-feira foi mais ou menos, terça-feira estiveste bem, regular na quarta-feira...". É claro que isso não é psicanálise. Mas, se pensarmos que psicanalisar é fazer aparecer o que está dentro do indivíduo, a abstinência continua sendo uma regra fundamental com uma, duas, três ou quatro sessões. E se há abstinência, com ela eu destrono o poder do conteúdo manifesto.

Suponhamos que eu diga a vocês, como paciente: "Tudo bem? Faz calor, não?". E um de vocês, em vez de me responder: "Sim, está quente hoje", ficasse calado e não me dissesse nada, eu teria de me dar conta que esse texto encobre outro. Mas do que depende o me dar conta? Do rótulo psicanálise ou psicoterapia? De quatro sessões? De duas sessões? Não, depende de uma convicção psicanalítica que o psicanalista tem de ter nos tempos de hoje.

RP – Este é um tema muito interessante e atual que vale a pena considerar, pois suas posições são muito claras e contêm uma polêmica que precisa ser colocada: como lidar com a realidade externa frente à situação em que nos encontramos. O sr. nos colocou que tem uma formação freudiana muito consistente, o que é possível ver em textos e trabalhos seus já conhecidos, e usa um termo de Laplanche que é "fazer trabalhar Freud". Queríamos centrar a questão no problema da desmentida, visto que o senhor "faz trabalhar Freud" bastante no seu trabalho apresentado ontem, quando cria a noção de fetiche virtual e de zonas psíquicas. Mas parte de um conceito que talvez não esteja claro o suficiente para todos nós, até por não sabermos se esse é um conceito freudiano na sua essência ou se é um acréscimo seu. A desmentida, para Freud, também é um processo estrutural? Passa por algo estruturante? Ou é patológica?

NCM – Sobre isso tenho a dizer que é difícil realmente saber até onde chegou Freud, ou até onde se faz Freud dizer o que talvez não disse, sem querer fazer isso. No entanto, acho que sou bastante fiel quanto até onde penso que Freud chega e até onde eu, pessoalmente, posso dar um salto e mudar. Volto a dizê-lo: sou um daqueles que acham que devemos perder certo respeito pelos mais velhos.

Freud deu o que podia dar, e por sorte temos vários pós-freudianos que puderam dizer: "Freud chegou até aqui!". E vai ter, daqui a pouco, muitos pós-lacanianos e muitos pós-kleinianos, pós-greenianos, já que esse é o caminho da psicanálise.

Com respeito à desmentida, trata-se de um texto que chega bastante tarde na obra freudiana. A primeira vez é no ano de 1919, quando Freud publica "O sinistro". Nesse trabalho ele fala de um mecanismo de defesa que é justamente chamado de um "enérgico mentir (tu mentes)" frente à ameaça da morte. Vejam, isso em 1919, logo após a Primeira Guerra Mundial. Obviamente, dois filhos de Freud estiveram na guerra e todos os pacientes chegavam com queixa de neurose traumática. Esses foram grandes problemas para a psicanálise freudiana e pós-freudiana. O problema do trauma repete-se muito além do prazer.

Mas Freud, então, cunha, sela um mecanismo que denomina "um enérgico mentir" frente à realidade da ameaça da morte, à onipotência da morte, que condiciona a divisão entre ego e um dublê. É a primeira referência à desmentida, "O sinistro", um texto de psicanálise aplicada pouco referendado na psicanálise com relação aos outros textos, riquíssimo, pois faz alusão a algo que Freud descreve nele mesmo. Ele toma um conto, "El arenero" (o lugar da praça onde as crianças brincam na areia), para aplicar essa problemática do sinistro.

Logo depois, porém, faz considerações sobre sua própria vida, em que descobre esse fenômeno do sinistro, em que o ego se desdobra, se divide. E há um trabalho de 1904, "O transtorno de uma lembrança na Acrópolis", um texto que Freud deu de presente a Romain Rolland pelo seu aniversário, em que descreve um mecanismo que denomina estranhamento – no qual o ego se desrealiza, se despersonaliza. Estou falando com termos diferentes para esclarecer isto: uma clivagem dentro do ego, não entre instâncias, ego, superego, id, e sim dentro do ego.

Essa clivagem faz com que Freud escreva: "Eu estava olhando a Acrópolis e disse: 'Mas como! Isto que eu via nos livros da escola existe em realidade?'". E ele mesmo se responde: "Se eu digo isto estranhado, é porque há uma parte dentro de mim que sempre soube que isto era real? No entanto, mesmo sabendo que era algo real, me pergunto se isto existe mesmo na realidade como nos livros da escola." E segue: "O que acontece é que a culpa de ter superado meu pai não me permitia desfrutar, ter o prazer, na realidade, de poder desfrutar de ter chegado à Acrópolis".

Mas se vocês se aproximarem mais disso, vemos que uma coisa é a desmentida do fetichista perverso, que toma a desmentida da castração como algo para colocar no lugar idealizado, um sapato, por exemplo. E outra coisa é essa cisão que se produz para se poder chegar até a Acrópolis. Se sigo Freud, eu digo: começa no sinistro a cisão do ego, ele lhe dá um estatuto muito mais importante no que se refere a algumas conseqüências psíquicas nas questões anatômicas dos sexos, nas quais deve ser reconhecida a castração das meninas. É uma carta de cidadania ao fetichismo para falar de perversão. Mas Freud começa logo a fazer considerações que nos levam a dizer, pelo seu texto inconcluso, que a cisão do ego, no processo decisivo, é um fato que ocorre na normalidade, na neurose também há cisão do ego, há desmentida e cisão do ego. Assim há graus que vão desde a patologia até a normalidade. O que fiz foi dar um passo além. Esse passo é pensar que a desmentida, o reconhecimento da castração, serve para reprimi-la, para reprimir a pulsão.

Então, quando há um excesso de realidade, há uma perda de pulsão. Se eu não encontro um mecanismo que me permita desmentir certa parte da realidade, corro o perigo de cair na falta de pulsão. Penso que isso é o que ele descreve como as normopatias. Ou seja, quero dizer que há um ponto em que sigo Freud, o ponto da cisão do ego que se encontra em todos os indivíduos. Há um passo que dou além de Freud, a desmentida, a qual pode conter um fator positivo, de defender a pulsão e o mundo da fantasia frente ao atropelamento que a realidade provoca no indivíduo.

RP – E um passo além dessa sua leitura é que a desmentida inauguraria uma Terceira Tópica, em função de ser uma defesa-chave que demanda um outro tipo de estrutura. Isso é um aporte seu que parece bem importante.

NCM – Sim, eu o escrevi no ano de 1980, quando comecei a trabalhar o problema da desmentida e coloquei que o trabalho sobre fetichismo repensava, incluía, nesses termos, a reformulação em outra tópica. Já não se tratava só entre ego, id e superego, pois o ego dividido provocava a conformação de dois inconscientes, o inconsciente da repressão e o inconsciente como efeito da desmentida. O que me levava a um conceito mais importante que é, mais do que falar em repressão e desmentida, falar em inconscientização. Os fatores que inconscientizam, os mecanismos com os quais se pode inconscientizar são diferentes, e as vias de retorno também são diferentes. São diferentes as vias de retorno da repressão e as vias de retorno da desmentida.

RP – E é dentro disso que o senhor também fala do outro-inconsciente? Há, segundo a sua descrição, um inconsciente reprimido, o inconsciente sexual e o outro-inconsciente? O que seria esse outro-inconsciente?

NCM – Esse é mais um tema interessante a explorar. Muitos colegas me indagam quanto ao uso do termo outro-inconsciente. Eu reconheço que talvez soe irritante, mas não gosto de deixar a idéia de outro-inconsciente. É um quase-outro-inconsciente, outra via de retorno, de expressão, outros objetivos. Mas convenhamos que eu poderia chamá-lo de "o inconsciente, produto da desmentida". E assim não haveria problema.

RP – Sobre a relação entre fetiche virtual e objeto transicional de Winnicott, quais as diferenças e semelhanças? É possível haver superposição ou não?

NCM – Eis uma pergunta que já me fizeram muitíssimas vezes. Tenho com Winnicott uma relação de reconhecimento e também de diferenças. Acho que Winnicott traz contribuições essenciais, mas, como outros autores, começa a ser mal "traduzido" ou mal entendido. De qualquer modo, minha diferença marcante com Winnicott em relação a isso é a seguinte: o objeto transicional para Winnicott surge de um eixo presença/ausência. Nesse sentido, não é um eixo sexualizado. No entanto, para mim o fetiche virtual surge de um eixo falo/castração, que é, sim, um eixo sexualizado. Acho que o objeto transicional, da forma que posso compreender e que acho útil como conceito, tem intervenção fundamentalmente nas patologias que poderiam ser chamadas de pré-edípicas, enquanto que meu conceito de fetiche virtual supõe a presença da sexualidade. Por isso, fetiche virtual é, para mim, algo que condiciona a escolha do objeto amoroso, e posso pensar em objeto transicional como aquilo que permite a existência do ser. Também tenho outra aproximação ao problema do objeto transicional, que é a minha concepção do processo identificatório, das identificações primárias.

RP – Dentro dessa questão, o sr. falou em Barcelona sobre a sexualidade, e é uma de nossas perguntas: como vê a sexualidade na teoria e na prática psicanalítica hoje? E quando fala da integração do prazer da fantasia na realidade, seria também uma forma de buscar a pulsão sexual que está perdida?

NCM – Mantenho um diálogo externo e interno com dois autores-pensadores na psicanálise. Interno, pois são duas linhas de trabalho que conheço bastante e que me acompanham nas minhas polêmicas. E externo, pois no caso de Green, tenho com ele uma relação pessoal.

Quero dizer que a problemática da psicanálise contemporânea, para mim, passa por entender o problema da dialética entre a pulsão e o objeto. Acho que é esse o centro da minha preocupação teórica, obviamente que com derivações na clínica, na prática e na técnica. Mas a dialética entre a pulsão e o objeto implica, aproximando-me de Laplanche, em se pensar que a pulsão poderia ser gerada desde o objeto, o que se aproxima do conceito de significante do enigmático de Laplanche. E ao mesmo tempo se poderia dizer, muito perto de Green, que o poder transformador que tem o psiquismo é o da pulsão. Acho, porém, que colocar tudo isso na pulsão e nos esquecermos do objeto é também nos esquecermos de todas as contribuições, inclusive das dos anglo-saxões que fizeram do objeto um lugar fundamental: Klein, Winnicott. Mas também penso que ficar somente no poder do objeto faz com que a pessoa esteja doente por suas más relações com o objeto e não por uma inibição do poder transformador da pulsão. E nesse sentido, resgatar o problema da sexualidade é resgatar o problema da pulsão. Contudo, para resgatar o problema da pulsão, temos de encontrar uma maneira de conseguir que o objeto não só estimule e abra zonas erógenas, como diz Freud, mas também que permita, às vezes, com seu afastamento, fazer nascer a pulsão.

O analista deve, às vezes, momentaneamente, ocupar o lugar do objeto, para poder depois sair desse lugar idealizado como objeto e fazer nascer uma pulsão sexual que não havia nascido até então. Acho que aí está o poder transformador da psicanálise.

RP -- Ontem o sr. falou sobre a questão da melancolia. Como trabalhar com aquele objeto que estaria encobrindo a pulsão?

NCM – Bem, o exemplo da melancolia é muito claro. A melancolia aparece em um texto freudiano capital, que não teve muito trajeto posterior, o que me chama a atenção. A melancolia foi deixada para a psiquiatria. Esse é outro pecado da psicanálise. Penso que foi deixada para a psiquiatria pelos medos que a melancolia provoca em nós, psicanalistas, pelo compromisso que implica, mas não porque a psicanálise não tenha poder para intervir no processo da melancolia.

Obviamente, com isso não se renuncia a ajudas extra-analíticas que um melancólico possa precisar. Mas é como se eu pretendesse negar que, num neurótico, também há ajudas extra-analíticas: a família, seus amores, seu trabalho. Há, às vezes, o ideal de que a psicanálise deve fazer tudo, senão não faz nada. E não é assim. No caso específico da melancolia, vê-se com muita claridade o poder do objeto, mas não só esse poder. Se eu tivesse que ser mais específico na questão da melancolia, diria que, quando o objeto se torna um objeto narcisista – o objeto parental – a criança precisa denunciar a castração parental. Precisa disso para crescer, precisa desse reconhecimento da realidade para superar o Édipo. E ela se encontra do lado do objeto odioso. Como o ódio não pode ser tolerado nesse momento do crescimento, a criança identifica, no ego, o sadismo do objeto. Quando isso acontece, torna-se um masoquista. E aí Freud incorre num erro, penso eu, de pensar que o masoquismo é só pulsional. Não é só isso, às vezes é o mascaramento por uma identificação com o sadismo do objeto. Se a gente interpretar a alguém que sofre – você sofre por que gosta? – estamos errando o caminho, quando esse sofrimento provém da identificação com o sadismo do outro.

RP – Queremos agradecer-lhe a oportunidade, bem como a qualidade e a riqueza da entrevista.
NCM – Muito obrigado a todos.

Tradução: Hispano Hablantes
1ª revisão técnica: Magali Fischer e Paulo Henrique Favalli
2ª revisão técnica: Magali Fischer

© *Revista de Psicanálise – SPPA*

Donald Meltzer

Donald Meltzer nasceu em New Jersey em 1922. Cursou medicina e especializou-se em psiquiatria geral e infantil. Mudou-se para a Inglaterra com o propósito de analisar-se com Melanie Klein e fez sua formação analítica na Sociedade Britânica de Psicanálise. Embora tenha mantido atividades dentro da Sociedade Britânica, centrou-as na Tavistock Clinic, ministrando seminários no curso de formação e realizando supervisões e pesquisas. Acompanhado por Martha Harris, divulgou a psicanálise em vários países da Europa, América e Ásia, contribuindo significativamente para o desenvolvimento da psicanálise de crianças.

Em suas publicações, Meltzer tratou de diversos temas psicanalíticos, enriquecendo conceitos sobre os objetos internos (*A masturbação anal e sua relação com a identificação projetiva*, 1966), as etapas e a caracterização do tratamento (*O Processo Psicanalítico*, 1967), as características da sexualidade normal e patológica (*Os estados Sexuais da Mente*, 1973), o autismo e os estados pós-autistas (*Exploração do Autismo*, 1975). Também escreveu livros sobre a evolução da psicanálise e sobre os desenvolvimentos kleinianos (*Desenvolvimento Kleiniano*, 1978) e um estudo sobre os sonhos (*Vida Onírica*, 1984), assim como uma aplicação metapsicológica das idéias de Bion (*Metapsicologia Ampliada*, 1987). Outros livros seus, *A Apreensão da Beleza*, 1989 e *Claustrum*, 1992, são contribuições próprias e criativas para a compreensão dos fenômenos psíquicos desde a dimensão estética da mente ao entendimento da fenomenologia e dinâmica da identificação projetiva e dos objetos internos. Seu último livro, *Sinceridade* (1997), reúne diversos trabalhos publicados, alguns inéditos sobre diversos temas psicanalíticos, entre eles a técnica. *Clínica Psicanalítica de Crianças e Adultos* (1995), em que constam os resumos de algumas sessões de trabalho com o Grupo Psicanalítico de Barce-

Iona, e *Adolescentes* (1999), que é uma seleção de seminários sobre o tema, refletem suas concepções clínicas.

Em visita à Sociedade Brasileira de Psicanálise de São Paulo, concedeu a Mauro Gus, Ida I. Gus, Raul Hartke e Ruggero Levy, membros da Comissão Editorial da Revista de Psicanálise da SPPA, em 12 de abril de 1996, a entrevista que segue.

RP – A partir de que momento, por quais motivos e de que forma Bion, segundo o sr. observa em A Apreensão do Belo, *encontrou espaço em seu consultório?*

DM – Foi um processo muito gradual. Na verdade, não tomou forma, a não ser quando empreendi a terceira parte do *Desenvolvimento Kleiniano*. Eu estava bem feliz, percorrendo meu próprio caminho e fazia uma idéia de Bion como uma personalidade um pouco na periferia, pois ele havia se transferido para os Estados Unidos e não tinha contato direto com ele. Mas o poder de seu pensamento foi gradualmente me influenciando e me dei conta de que ficava refletindo a respeito o tempo todo. Veio, então, a trilogia da *Memória do Futuro*, e pensei que tinha começado a compreendê-lo. Seja como for, encontrei uma maneira de integrar tudo às minhas próprias formulações. Em que medida isso presta um tributo real ao pensamento de Bion, sou incapaz de afirmar, em parte porque Bion tinha por hábito ser enigmático. Isso não era apenas uma manifestação de seu caráter, mas também de seu desejo de encorajar as pessoas a pensarem por conta própria. Ler Bion, então, era mais ou menos como perguntar a alguém, à margem da estrada, na Inglaterra: "Que estrada devo tomar?". Eles sempre dizem: "Vá sempre em frente e você não errará". Acabei elaborando minha própria compreensão do pensamento de Bion, para mim muito enriquecedora, e ainda trabalho nisso, especialmente seguindo a trilha que ele deixou a respeito da Grade Negativa. É uma maneira de compreender os distúrbios do pensamento, no que creio estar fazendo algum progresso, porém não ao ponto de escrever um livro. Por ora contento-me em falar sobre isso, ouvir as pessoas e estimulá-las a trabalharem nesse sentido, porque julgo que a investigação dos distúrbios do pensamento ainda não encontrou seu lugar adequado na psicanálise. Na apresentação do seminário de hoje, por exemplo, vimos que os distúrbios do pensamento se relacionam à diferenciação entre o neurótico *borderline*, o psicótico e os distúrbios psicóticos. Não em termos psiquiátricos, mas em termos dos processos do pensamento.

RP – E sobre a perversão do pensamento?

DM – Esse é um termo com o qual me entretive um pouco, pois envolve toda a área do cinismo, mas não sei se é correto falar em perversão do pensamento, se você estiver pensando em perversão essencialmente como sadomasoquismo. Penso que o cinismo tem importante papel no sadomasoquismo, mas suspeito que não seja sadomasoquismo em sua essência.

RP – Em 1986, vinte anos após a publicação de O Processo Psicanalítico, *o sr. reconsiderou alguns pontos de vista daquele livro no artigo "The Psychoanalytic Process: twenty years on, the setting of the analytic encounter and the gathering of the transference". Dois anos depois, em* A Apreensão do Belo, *o sr. retoma o tema do processo analítico, então à luz do seu conceito de "conflito estético". Isso evidentemente indica, como não poderia deixar de ser, que esse tema vem sendo sempre repensado e provavelmente reelaborado pelo sr. Agora, trinta anos depois, gostaríamos de saber quais as reconsiderações que tem a fazer.*

DM – Acredito que foi muita astúcia, da parte de vocês, trilhar esse caminho de como o livro continua se desdobrando. Olhando, então, retrospectivamente, as principais reconsiderações realmente foram sobre o grande crescimento da categoria das desordens geográficas ocasionadas pelo desenvolvimento do conceito de claustro. Há, também, outro aspecto bastante desenvolvido, ligado à diferenciação dos vários tipos de confusão e à operação do sadomasoquismo, com particular referência às perversões sexuais ou outras. Por fim, deveriam ser adicionadas considerações sobre as desordens do pensamento não previstas naquele livro e que parecem pertencer, fundamentalmente, ao limiar da posição depressiva. Logo, se vocês agregassem àquele livro vários trechos publicados aqui e ali e outras coisas que lecionei, não publicadas, teriam um livro pelo menos três vezes maior. Certamente o vejo como minha contribuição mais central à psicanálise, em torno da qual outros aspectos foram acrescentados ao longo do tempo. Em certo sentido, o círculo descrito no Processo Psicanalítico encerra-se com a descrição de claustro, para meu grande alívio, pois posso me aposentar da necessidade de escrever e, de agora em diante, só escreverei por prazer. Felizmente descobri um modo muito prazeroso de escrever, que consiste em dar aulas e seminários e fazer com que outras pessoas os escrevam. Tenho tido algum sucesso. O grupo de Barcelona publicou um livro, o grupo de Estocolmo está próximo de publicar outro e, aqui, a dra. Maria Olympia está me dizendo, ou me ameaçando, que vão publicar outro sobre esses seminários em São Paulo. Isso tem uma pré-história nos cursos e seminários sobre adolescência, ministrados em Peruggia nos anos setentas por Carlos Bruti. Tudo isso vai se acumulando em um grau embaraçoso. É evidente, contudo, que o mais importante para mim é o trabalho clínico; ensinar e supervisionar, para mim, é recreação, mesmo quando cansativo. É muito gratificante o fato de as pessoas terem interesse por isso, embora seja um tanto misteriosa a razão por que se tem sempre que incluir um elemento em moda. Bion e eu estamos na moda, atualmente, embora eu acredite que esteja seguindo no seu encalço.

RP – Por que um analista escreve e publica?

DM – Não sei quanto aos outros analistas, mas, no caso de Bion, era uma das maneiras que ele tinha de estudar e pensar. Ele era um filósofo, e a escrita é a maneira que o filósofo tem de pensar. Minha escrita é, sobretudo, uma forma de comunicação e brota de um sentimento de obrigação para com os colegas de partilhar a experiência clínica. Não estou muito interessado na teoria, mas na fenomenologia da vida mental. É indispensável que os colegas, especialmente os mais jovens, tenham a oportunidade de partilhar com os mais experientes a observação da fenomenologia da vida mental. Essa é uma ciência, mais do que qualquer outra, em que você não pode fazer quase nada sem professores.

RP – Gostaríamos que nos falasse um pouco sobre sua formação pessoal.

DM – Em primeiro lugar, quando jovem, minha intenção era ser escultor. Meu pai fez o melhor para convencer-me que deveria ser engenheiro ou arquiteto e, depois, juntar-me a ele em seu trabalho. Quando tinha 16 anos, o irmão de minha primeira namorada, que era psiquiatra, deu-me, para ler, um livro de Freud sobre os sonhos que mudou de rumo minha vida e dirigiu-me à medicina, que era exigida nos Estados Unidos para fazer psicanálise. Quando cursava medicina, precisamente a pediatria, Loretta Bender deu-me Melanie Klein para ler e foi mais uma guinada em minha vida. Ao terminar a formação médica na Universidade de Nova York, fui fazer residência em psiquiatria na Universidade de Washington, em Saint Louis, porque o catedrático, Eduard Guilday, prometeu não me amolar; ele e a esposa, Margareth, cumpriram a promessa e concederam-me muita liberdade. Durante os anos que lá passei, tornei-me diretor da Psiquiatria Infantil. Isso foi interrompido ao ser convocado pelo exército, durante a guerra da Coréia. Arquitetei, então, um jeito de ir para a Inglaterra, para estudar com Melanie Klein. Cheguei em 1954 e lá fiquei desde então.

RP – Um aspecto impactante em suas supervisões é a importância que dá às imagens visuais na apreensão do material clínico. O sr. crê que isso se relaciona ao seu interesse pela escultura?

DM – Creio que a tendência à visão estrutural da mente, que desenvolvo, tem muito a ver com o trabalho de engenharia de meu pai. A orientação à arte e à estética vem do gosto pela escultura, da apreciação de museus e do apreço que tenho por cavalos, que ocupam parte importante de minha vida. Há minha trajetória da leitura de Freud, Melanie Klein e outros autores, mas existe uma pré-história disso tudo, muito relacionada às viagens que fazia com meus pais a lugares distantes do Oriente Médio e Europa. Tal disponibilidade para ter experiências – e permitir que essas experiências tenham tremendo impacto – parece-me que tem sua pré-história nessas viagens que fizemos quando eu tinha entre 7 e 10 anos.

RP – No seu entender, qual a importância e função das instituições psicanalíticas para o analista praticante?

DM – Creio que são, ao mesmo tempo, algo indispensável e a maldição da psicanálise, da mesma forma que as instituições eclesiásticas são uma necessidade e uma maldição para a religião. As instituições políticas, idem. Porque estou convencido de que as instituições não conseguem não ser conservadoras; elas o são, por isso esmagam a originalidade dos mais jovens.

RP – No livro Metapsicologia Ampliada, *o sr. diz que "a psicanálise é essencialmente uma ciência descritiva" e não explicativa, particularmente adequada ao estudo "dos fenômenos abarcados pela capacidade da mente de formar símbolos com a finalidade de representar o significado das experiências emocionais". Considera que esse ponto de vista poderia conduzir a psicanálise em direção à hermenêutica, ou mesmo torná-la uma hermenêutica?*

DM – É minha opinião que a descrição dos fenômenos é a questão essencial da psicanálise. Para tal, somos obrigados a dar nomes às coisas. Quem quiser nomear hermenêutica a uma fantasia como essa, tudo bem, mas isso dará uma impressão demasiado filosófica. A questão do ponto de vista, de abrir-se para diferentes pontos de vista, contanto que eles usem diferentes nomes, de modo a não criar confusão, é esse, acredito, o caminho da evolução. Penso que uma das fraquezas de Freud é que não mudou sua terminologia, à medida que ia observando novos fenômenos. Melanie Klein levou longo tempo até conseguir liberar-se da terminologia freudiana e dar-se conta de que descrevia novos fenômenos. Para tanto, tinha de usar nomes diferentes. Uma das forças do trabalho de Bion é que ele não teve medo de inventar sua própria linguagem poética para referir-se aos fenômenos. Teve êxito, com muita freqüência, em encontrar um novo ângulo e uma nova poesia para referir-se a algo. Em outros momentos, porém, fracassou. Creio, por exemplo, que o flerte com a matemática e a tentativa de emprego de sua terminologia foi um fracasso, embora o tenha feito com muita garra e haja ali uma referência à Alice no País das Maravilhas.

RP – Uma imagem muito bonita na Apreensão da Beleza, *justamente em um dos últimos capítulos, é a do cavalo que o sr. elege como objeto estético. Fica, entretanto, uma curiosidade: o que é feito de Dear Girl, filha de Highboy e Syllabus?*
DM – Minha linda Syllabus... infelizmente ela morreu de forma dolorosa no quarto parto, depois de dar à luz um cavalinho muito bonito, que também não sobreviveu sem ela e não aceitava ser alimentado por mais ninguém. Uma das tragédias que acompanham o apaixonar-se e contra as quais não há refúgio.

Tradução simultânea: Liana Pinto Chaves, SP
Transcrição do vídeo: Antonio Carlos M. da Rosa
Revisão técnica: Paulo Oscar Teitelbaum e Luisa M. R.
Amaral

© Revista de Psicanálise – SPPA

Sérgio Paulo Rouanet

Sérgio Paulo Rouanet nasceu no Rio de Janeiro em 1934. Membro da Academia Brasileira de Letras e da Academia Brasileira de Filosofia, é ensaísta, embaixador de carreira, graduado em Ciências Jurídicas e Sociais pela PUC do Rio de Janeiro, doutor em Ciências Políticas pela USP, pós-graduado em Economia pela Universidade George Washington, em Ciências Políticas pela Georgetown University, em Filosofia pela New York School for Social Research. Intelectual e conferencista de amplo reconhecimento, dedicou-se, centralmente, a temas na área das ciências humanas, incluindo um extenso estudo da obra de Freud. É autor de inúmeras obras, dentre elas: *Teoria crítica e psicanálise, O homem e o discurso – a arqueologia de Michel Foucault, Édipo e o anjo – itinerários freudianos em Walter Benjamin, Mal-estar na modernidade, Moderno e pós-moderno, A razão cativa, Olhares iluministas, A razão do Iluminismo, Razões do neo-iluminismo, Imaginário e dominação, A razão nômade, Identidade e diferença: uma tipologia, A criação histórica* e *Os Dez Amigos de Freud*.

Em abril de 2001, concedeu a seguinte entrevista aos drs. José Carlos Calich, Paulo Henrique Favalli e Viviane Mondrzak.

RP – Nossa entrevista visa fundamentalmente a conhecê-lo melhor, ao sr. e às suas idéias. Inicialmente gostaríamos de saber sobre sua trajetória pessoal, sua formação acadêmica e as demais influências que o auxiliaram na construção do seu pensamento atual.

SR – Eu sou basicamente um funcionário público. Sou diplomata de carreira há quarenta anos e já estou me aproximando da aposentadoria. Ela não se concretizou ainda e, durante esses anos todos, tenho vivido como diplomata. Tem sido uma experiência bastante enriquecedora. Empobrecedora também, às vezes, no sentido financeiro. Mas, em geral, foi uma experiência importante que me permitiu, sobretudo, atender à minha segunda vocação, que é a vocação intelectual. Por meio das oportunidades de viver e trabalhar no exterior oferecidas pelo Itamaraty, eu pude estudar em vários lugares: fiz mestrado e cursos de doutorado nos Estados Unidos, embora tenha feito doutorado propriamente dito na USP.

Todo o meu estudo foi em áreas ligadas às ciências humanas. Sempre tive um interesse bastante onívoro e voraz em várias áreas dentro dessa coisa mais geral das humanidades. Então, em Washington estudei ciência política e economia; em Nova York, estudei filosofia na New School. Meu doutorado é em ciência política, na USP, com uma orientadora chamada Ruth Cardoso... Há, então, essa idéia das duas almas, das duas vocações, de funcionário público que precisa ser funcionário público para poder sobreviver materialmente e a do intelectual que quer respirar áreas um pouco mais arejadas, mas que precisa da sustentação material oferecida por um emprego sólido como o de diplomata.

Antes de me doutorar na USP, me formei em Direito e, como quase todo mundo da minha geração no Brasil, estudei na Faculdade Católica do Rio de Janeiro. Depois fiz o vestibular para o Instituto Rio Branco, que dá acesso ao Itamaraty, onde fiquei por uns dois anos. Meu primeiro posto foi em Washington e, após, Nova York, na missão do Brasil junto às Nações Unidas. Depois estive em Genebra e fui cônsul-geral em Zurique. Meu primeiro posto de embaixador foi na Dinamarca. Depois fui embaixador em Berlim, na qualidade de cônsul-geral. E meu último posto foi de embaixador do Brasil em Praga, na República Tcheca. No intervalo, eu vinha freqüentemente ao Brasil, ou seja, essa trajetória não foi contínua, mas cortada por vindas periódicas. Em resumo, a seqüência foi Direito, Instituto Rio Branco, mestrado nos Estados Unidos em economia, ciência política e filosofia e doutorado em ciência política na USP. Em termos de produção cultural, tenho cerca de dez livros publicados. Talvez o mais conhecido seja *Razões do Iluminismo*, que é uma série de ensaios. Há o livro chamado *Teoria Crítica e Psicanálise*, que, como diz o título, procura estabelecer uma relação entre teoria crítica e psicanálise. Outro livro é uma tentativa freudiano-marxista de estudar o conceito de falsa consciência usando categorias de Marx e categorias de Freud, e há a obra sobre Walter Benjamin. Devo entregar dentro de alguns meses os originais de um próximo, *Os Dez Amigos de Freud*, baseado numa lista escrita por Freud em 1906 a pedido de um editor vienense, Hugo Heller, apontando dez bons livros. Freud fez esta lista, extremamente heterogênea, que vai desde historiadores como G. Keller até Anatole France, Émile Zola e outros. São dez nomes, e o livro é uma tentativa de estabelecer um diálogo de cada um desses autores com Freud e entre eles, na medida em que o olhar de Freud, por assim dizer, os constituiu como objeto de saber. A idéia seria um olhar vertical de cada um deles com Freud e horizontal deles entre si.

Agora o funcionário público vai descansar, como costuma acontecer com funcionário público, que tem a reputação de ser preguiçoso. Vou ceder a essa coisa deliciosa que é a preguiça. Uma preguiça oficial, institucionalizada, permitida, pois devo pedir aposentadoria proximamente. Goethe dizia que duas almas moravam nele. Eu tinha duas, agora só tenho uma. Agora é realmente só o interesse intelectual que me apaixona. E eu estou podendo me dedicar a ele sem precisar me dividir. Não tenho mais dois amores. Só tenho um amor, agora, o trabalho intelectual. Devo dizer que estou adorando não precisar acordar de manhã, olhar o relógio e pensar se vou me atrasar e botar gravata. Mas a idéia de não ter compromissos formais e de passar o tempo todo dando conferências é um prazer muito grande.

RP – Gostaríamos de saber como se deu a sua aproximação com a psicanálise, uma vez que percebemos, pela leitura de alguns dos seus textos, que há intimidade e gosto no lidar com o pensamento psicanalítico.

SR – Eu acho que, com a psicanálise, essa aproximação dá-se um pouco na qualidade de paciente. Sempre me interessei teoricamente pela psicanálise, mas comecei realmente a me aproximar de uma maneira mais íntima quando fui me analisar em Genebra, nos anos setentas. Tratou-se de uma experiência profunda, indelével, importantíssima, durante seis anos. Foi a partir desse momento que, para impressionar meu analista, li a obra completa de Freud. Evidentemente eu psicanalisei o analista e, no finzinho, eu dei-lhe uma colher de chá e deixei-o me psicanalisar um pouco. Mas é claro que, por isso tudo que eu estou dizendo, vocês devem, como profissionais, entender que uma das razões pelas quais a coisa não progrediu muito era devida ao uso que eu fazia de uma intelectualização muito forte como defesa, que me levava, por exemplo, a ler e produzir sonhos que eu achava belíssimos. Mas não conseguia impressionar meu analista, um freudiano ortodoxo absolutamente mudo. De vez em quando dava também uma colher de chá e falava. Ele era grego, chamava-se Kostulas e trabalhava com Ajuriaguerra. Aliás, acho que analista deve ser grego, conterrâneo de Édipo. Mas ele era um grego que falava francês com sotaque mediterrâneo com uns "erres" especiais. E eu me lembro que, depois de uma sessão na qual eu achava que tinha sido especialmente interessante, ele disse em francês: "Eu agradeço ao senhor pela brilhante conferência, mas gostaria de lembrar que o senhor se esqueceu das referências bibliográficas". Só a partir desse momento é que a análise começou a funcionar.

Assim, minha aproximação teórica com a psicanálise começou por essas razões espúrias, quando não devia ter começado, durante a análise. Mas, terminada a análise, eu continuei a ler e comecei a escrever sobre o assunto.

RP – O senhor chegou a fazer alguma espécie de estudo teórico mais sistemático de psicanálise?

SR – Não. Fui sempre autodidata. E só estudei Freud, apesar de ter lido um pouco de Lacan, não com interesse por Lacan em si, mas porque ele fazia parte de toda uma problemática estruturalista que interessava a mim e aos intelectuais nos anos setentas, com Levy-Strauss, para entender uma certa maneira de pensar que estava em moda na Europa naquele momento. Li Lacan como curiosidade intelectual, como li tantos outros autores, filósofos principalmente, lingüistas como Jakobson ou Saussure. Mas na psicanálise, praticamente só Freud. Várias vezes converso com amigos psicanalistas que ficam falando em Winnicott, que seria mais interessante do que Freud, muito mais humano. Outros falam em Bion. Uma grande parte dos meus amigos da área são kleinianos. Mas, realmente, o que eu conheço mesmo, razoavelmente bem, é Freud, de quem li praticamente toda a obra. A psicanálise é apenas um dos meus temas. Tenho uma curiosidade eclética e muitas coisas me interessam. Mas, se eu ficasse só no campo da psicanálise, certamente deveria diversificá-lo. Está muito monotemático esse meu estudo de Freud.

RP – Uma questão que se impõe após a leitura de alguns de seus textos é a sua concepção das tendências de pensamento no mundo ocidental de hoje. Como o senhor vê e entende as modificações que ocorreram nos ideais e valores da humanidade e qual, no seu entendimento, as perspectivas futuras?

SR – A pergunta é tão grande quanto o mundo, tão numerosa quanto a humanidade. Mas o mundo talvez seja uma boa categoria para começar a pensar por que, hoje em dia, ninguém fala mais em termos de entidades particulares como nação, província, etc. Todos falam em termos de globalidade. Eu acho que, depois do fim das grandes utopias, das grandes certezas, das grandes esperanças, basicamente depois do fim do socialismo com a queda do muro de Berlim, o pensamento e os pensadores ficaram meio órfãos. Durante tanto tempo acreditavam numa utopia, na possibilidade de uma unidade regenerada, de um mundo reconciliado e de um homem melhor. De repente, desaparece esta utopia, e o homem é confrontado com uma realidade, às vezes tão brutal, pós-guerra-fria, pós-mundo-bipolar, com guerras civis, fratricidas e atrocidades bárbaras como na antiga Iugoslávia, na antiga União Soviética, na África, etc. Eu acho que a humanidade, de modo geral, foi levada a refletir sobre esses descaminhos, sobre o que teria levado tantos filósofos sérios a atribuírem tanta importância a coisas que aparentemente eram tão falaciosas. O guru da minha geração, Sartre, equivocou-se bastante. A minha própria geração foi muito influenciada pelos ideais de maio de 68. Tanto o 68 francês como, no caso da Bárbara, minha mulher, o 68 alemão, a revolta de estudantes nos anos sessentas. A minha geração, por exemplo, lia o *Livro Vermelho* do presidente Mao como uma Bíblia, e, quando se lê isso hoje, vê-se que é uma barbaridade. A revolução cultural foi uma revolução horrenda, da barbárie absoluta, do pensamento simplificado, esquemático, e a gente levava a sério tudo aquilo. De repente, todas as certezas desabam. Então, como refletir num mundo vazio, num mundo despovoado...

Mas não é uma antiutopia total. Alguns abraçam a utopia ecológica de um mundo menos poluído. Isso ainda é uma coisa válida, uma preocupação global, planetária. Mas o que é a utopia verde? É uma mudança qualitativa com relação à utopia vermelha? Esse mundo, essa revolução de maio de 68 deixou raízes fundas. A idéia de que seria possível levar a imaginação, o surrealismo, ao poder, estrangular o último burocrata com as tripas do último capitalista, é uma idéia sangrenta, mas é uma idéia de uma utopia possível. De repente as utopias todas desmoronam e surge um problema: o que se vai fazer? Aí entra o pós-moderno, a filosofia pós-moderna: Delleuze, Lyotard, Derrida e outros, que se perguntam sobre o futuro e a viabilidade das lutas que eles chamam as "grandes narrativas": a narrativa do saber enciclopédico, a narrativa da salvação da humanidade por meio da educação, a narrativa da salvação da humanidade pela revolução. Os grandes mitos se perdem como saber universal, desmoronam, como o mito político de uma revolução libertadora planetária. Resta o quê? Em vez de totalidade, o fragmentário, no lugar da utopia, o aqui e agora da unidade de uma ação política mais ou menos focada, mais ou menos orientada, o pluralismo dos jogos de linguagem.

Assim acho que, filosoficamente, a gente está vivendo este mundo do pensamento pós-moderno que é o pensamento do fragmento e não o pensamento da totalidade, mas da aceitação do mundo imperfeito, do mundo inacabado como uma contingência da condição humana, o eclipse dos grandes mestres pensadores, um tipo de pensamento mais modesto, menos arrogante, menos narcísico.

RP – De qualquer maneira, o sr. expressa um desencanto em relação aos ideais de 1968.

SR – Foram grandes idéias, grandes ideais numa realidade muito malvada. Em termos psicanalíticos, talvez o princípio do prazer finalmente tenha sido derrubado. É, na verdade, um princípio de realidade muito brutal. Vocês tiveram aqui em Porto Alegre uma espécie de coreografia de fórum social opondo-se ao fórum econômico de Davos. Acho que em Porto Alegre, de algum modo, foi feito um esforço de recuperar o impulso libertário no qual se acreditava há vinte anos. É uma coisa nova e bonita a idéia de que o neoliberalismo não é o destino inevitável da humanidade, que existem outros valores que não os valores do mercado e que é possível o homem assumir e reconstruir o seu destino, acabar com um sistema social injusto, incluir os excluídos, assimilar os inassimiláveis.

RP – O sr. também parece otimista.

SR – Eu sou otimista. Acredito na razão e com isso acho que estou em boa companhia. Nosso amigo comum, Sigmund, apesar de ter descoberto coisas bastante irracionais, o mundo da desrazão, foi explorador pioneiro disso que eles chamavam de território estrangeiro interno, que é o território da vida inconsciente. Ele, no fundo, só acreditava num deus, que é o nosso deus "logos", então acho que é um bom caminho. Freud fundou um racionalismo mais rico que o racionalismo iluminista do século XVIII. O racionalista iluminista achava que o homem já era, de saída, racional, e Freud descobriu que não, que a razão não é um ponto de partida, é um ponto de chegada. A razão é algo que se constrói. A razão está no fim do caminho, não no começo, é o objetivo. Esse objetivo se pode alcançar por intermédio de mil labirintos, mil tortuosidades, passando por zonas de sombras, de obscurantismo, mas o caminho é esse. Não acho que o caminho seja o renascimento de uma visão religiosa do mundo, que está definitivamente superada, mas uma possibilidade de construir, pela razão, uma razão dialógica, comunicativa, que construiria uma convivência possível entre os homens e diminuiria as irracionalidades mais gritantes.

RP – O sr. disse que a religiosidade está derrotada, mas não é o que se vê em termos de movimentos de massa, de tendência nas grandes comunidades. Como compatibilizar sua visão com o que se observa?

SR – Quando Freud dizia que a voz da razão é pouco audível, mas não existe outra, ele não estava negando que houvesse vozes da desrazão, ligadas ao obscurantismo, ao esoterismo que poderia subsistir. Sabia que o fanatismo religioso continuava mais ou menos latente em várias regiões do mundo, mas sabia que era preciso lutar contra isso. Não sei com que perspectivas de sucesso, porque Freud era um realista profundo, ele achava que as pulsões são virtualmente indomesticáveis, ineducáveis, mas é preciso tentar de qualquer maneira... Uma das suas frases que julgo mais dramáticas é aquela em que diz que "o programa que o princípio do prazer nos impõe, de ser feliz, não é um programa realizável". Mas nós não podemos nunca abrir mão dos esforços para nos comportarmos como se fosse realizável. Sabemos que é um objetivo inalcançável, mas é um objetivo também irrenunciável. Uma humanidade miserável como essa que nós temos, cheia de cicatrizes, onto e filogenéticas, de culpas, parricídios primitivos, é uma humanidade que não pode ser inteiramente feliz. Mas Freud termina o estudo sobre histeria com uma última frase maravilhosa que diz que "a psicanálise não pode fazer milagres, mas ela pode substituir a infelicidade histérica pela miséria banal". Isso já é uma grande coisa, é uma possibilidade, uma maneira de ter alguma perspectiva de felicidade, numa espécie tão marcada por tendências que levam à desgraça.

RP – Seguindo com a razão, um tema polêmico na atualidade, é possível uma integração entre as idéias de Kant, Horkheimer, Foucault, Lyotard? O senhor consideraria essa razão de que estava falando como a mesma razão iluminista?

SR – É uma razão iluminista, num iluminismo redefinido em termos mais dialógicos, porque, no século XVIII, o conceito de razão era muito monológico. Um filósofo, um pensador isolado podia, só pensando sobre os desatinos do mundo, fazer um certo número de diagnósticos. Hoje em dia isso é impossível. A idéia de uma razão solitária, de um pensador como Rousseau ou Voltaire na sua solidão, é inimaginável, porque a razão como eu a vejo hoje só pode ser interpretada em termos dialógicos, comunicativos. Eu mencionaria o último herdeiro da chamada escola de Frankfurt, Habermas. Todos esses filósofos enumerados na pergunta têm em comum partilhar um pouco essa idéia clássica, monológica. Habermas introduziu um conceito dialógico e processual de razão, segundo o qual a razão não é uma faculdade da alma que nos permite chegar à verdade, que nos permite realizar aquela definição escolástica de verdade: a adequação da coisa externa à inteligência. A razão, a racionalidade, diria Habermas, é aquela faculdade que permite a pessoas, se comunicando, chegarem a conclusões consensuais tanto no que diz respeito a fatos como no que diz respeito a normas. Não é um conceito substantivo de razão, é um conceito processual. Uma proposição é considerada racional quando ela pode ser falsificada num diálogo em que ego e alterego representam argumento e contra-argumento. Se uma determinada teoria, ou uma determinada política, for objeto desse processo de discussão dialógica, argumentativa, pode-se dizer que essa política e essa teoria são racionais. Isto coincide com a idéia de uma sociedade democrática.

A racionalidade subjetiva, então, coincide perfeitamente com um tipo de racionalidade que caracteriza uma democracia moderna, que tem de ser necessariamente de caráter deliberativo. A democracia moderna não pode ser vista apenas como um conceito quantitativo, a vontade da maioria tem de ser deliberativa, todas as políticas devem ser objeto de deliberação por parte do todo dos cidadãos, e essa deliberação deve obedecer aos preceitos da lógica, da racionalidade comunicativa, segundo os quais nenhuma verdade deve ser imposta despoticamente. A verdade é aquilo que emerge depois de um processo dialógico, depois de uma deliberação em que provas e contra provas, argumentos e contra-argumentos são apresentados. Acho que, nesse sentido, essa redefinição democrática no conceito de razão a torna plenamente adequada ao nosso tempo.

RP – Essas colocações modificam a idéia de que a razão deveria se opor à repressão, porque não basta mais o ousar saber?

SR – Exatamente, e essa dicotomia entre razão e repressão mais uma vez leva de volta a Freud, porque uma das coisas mais importantes da obra de sua maturidade, basicamente *O futuro de uma ilusão* e *O Mal-estar na Civilização*, é a idéia que a repressão deve ser vista como recalque. A repressão como mecanismo de defesa deve ser vista como transitória. O recalque é considerado uma forma de regulamentação da vida pulsional construída sob o modelo da fuga, que é um mecanismo infantil. Então é preciso que no futuro, numa humanidade que chegou à condição adulta no sentido kantiano de Menschheit, que deixou para trás o seu infantilismo, possa regulamentar sua vida pulsional não por meio do mecanismo irracional do recalque, mas pela inteligência, pela razão. Não de nosso deus "logos", mas de uma inteligência comunicativa.

RP – A psicanálise freudiana era essencialmente racional, visava a encontrar uma verdade última do indivíduo, ao contrário de algumas tendências mais atuais que falam de narrativas que se constróem a cada momento, numa situação dialógica, sem uma preocupação racional com essa verdade última. Como o senhor veria tais posicionamentos?

SR – Não sei se Freud aceitaria esta sua maneira de colocar que o objetivo dele era descobrir a verdade última do indivíduo. Mas não devemos esquecer que Freud, falando sobre a interpretação dos sonhos, diz que "nenhum sonho pode ser dado por definitivamente interpretado". Um mesmo sonho pode ser reinterpretado infinitamente por um mesmo analista ou por outro. Então, se o sonho pode ser considerado como o conjunto da vida psíquica do inconsciente, pode-se dizer que a vida inconsciente jamais poderá ser completamente compreendida. Assim, o inconsciente permanecerá sempre um território estrangeiro e, por mais que a zona de sombra recue, sempre haverá uma zona de sombra.

Freud foi o oposto de um utopista. A imagem que se tem dele é a de um realista ferrenho, mas havia uma utopia na afirmação que o objetivo da psicanálise é tornar consciente todo o inconsciente patogênico, preencher toda a lacuna da memória. Ele sabia que as lacunas da memória não podiam ser preenchidas e sabia que o inconsciente patogênico não poderia nunca se tornar consciente, mas esse era o objetivo tendencial, assintótico, inalcançável, utópico, do processo psicanalítico. Então é importante definir utopia, porque há uma diferença entre um programa e uma utopia. Um programa é um programa político, um programa médico, terapêutico. Você pode dizer que o programa da cura do câncer não é uma utopia hoje em dia, é uma questão talvez de um pouco mais de pesquisa genética. Mas a utopia da saúde perfeita, com o objetivo de que a humanidade se encaminhe para uma saúde plena, isso é uma utopia, mas é uma utopia à qual não se pode renunciar. É o que Kant dizia: mesmo sabendo-se que jamais se conhecerão determinadas coisas, ou se terá a resposta de determinadas perguntas, o pensador deve-se comportar como se as respostas pudessem acontecer um dia.

Trata-se da utopia como idéia reguladora e, nesse sentido, ela não é utópica. Sem a utopia não é possível ser realista. A palavra de ordem em maio de 68 foi aquela coisa belíssima: sejamos realistas, desejemos o impossível.

RP – Tem-se falado bastante em crise da psicanálise, e um dos aspectos destacados é a flutuação no pensamento atual, entre a religiosidade e a hiper-racionalidade, questionando a validade da psicanálise e seu estatuto científico. Sendo conhecedor da teoria psicanalítica, mas tendo a vantagem de nesse momento estar fora do problema, como o senhor veria o status epistemológico da psicanálise?

SR – Tenho um trabalho sobre as duas culturas da psicanálise, o lado judeu e o lado gói da psicanálise de Freud. Parto do princípio de que a psicanálise não pode estar nem num lugar nem noutro, não é a junção das duas coisas, ela é a negação das duas coisas. A psicanálise é o não-judeu, é o não-gói. É uma unidade negativa que se dá pela idéia do "nem", "nem isto nem aquilo". Toda a psicanálise, então, é dominada pela idéia do "nem nem". A psicanálise não é nem ciência da natureza nem ciência do futuro. A psicanálise não é nem aliada da doença nem aliada da normalidade; ela é as duas coisas, ela se move no mundo intermediário e não é nem ciência nem não-ciência.

Eu diria que a psicanálise tem esse estatuto absolutamente ambivalente, porque ela não pode deixar de ser ciência, porque é o que Freud quis, é o que ela sempre quis ser. Psicanálise não é uma técnica, não é um modo de fazer, não é apenas uma prática terapêutica, não é uma maneira de fazer clínica. A psicanálise é ciência. Ao mesmo tempo, que ciência é essa que não pode ser validada pelos métodos habituais que validam as teses científicas? Que ciência é essa que, dizendo-se ciência da observação, não está sujeita aos critérios de validação habituais nas ciências da observação? É uma ciência hermenêutica, diz Ricoeur e Habermas. Freud teria detestado essa tábua de salvação: "... pelo amor de Deus, eu não quero aliados como vocês". A psicanálise não é nada disso, é hermenêutica coisa nenhuma. A psicanálise é como a química, é uma ciência natural.

Freud foi um cientista natural. Antes de ser psicanalista, Freud dissecava testículos de enguias que supostamente eram hermafroditas. Essa descoberta podia ser testada empiricamente, ele podia escrever uma monografia sobre os testículos da enguia que fosse refutada por outro cientista. Isto sim é ciência. A psicanálise não é assim e não pode ser assim. As descobertas feitas pelo psicanalista no consultório não podem ser medidas. Como pesar o complexo de Édipo ou o narcisismo? Que ciência é essa que não pode ser medida nem pesada? Então não é ciência, então é só a clínica. Então a psicanálise não existe. Então a psicanálise não existe sem ser ciência e não é ciência ao mesmo tempo. Então essa coisa escandalosa é uma psicanálise que surge, que tem de se demarcar. Freud fazia questão de demarcar a psicanálise da filosofia, da concepção do mundo. Não, a psicanálise não é filosofia; não, a psicanálise não é concepção do mundo, a psicanálise é ciência. Mas que ciência é essa que não está sujeita a métodos habituais de testabilidade das proposições, dos resultados? Então a resposta é esta: eu não sei.

Já houve várias tentativas de reduzir os enunciados da psicanálise a métodos experimentais. Foram feitas experiências em laboratório que teriam demonstrado a existência de processos inconscientes e foram testadas empiricamente certas correlações estabelecidas por Freud entre a paranóia e o homossexualismo, hipótese feita no trabalho sobre Schreber. Então os americanos começaram a tentar descobrir, entre os paranóicos, tendências homossexuais, entre os homossexuais, tendências paranóicas. Isso é uma loucura porque não é assim que funciona. Ou há a existência, ou não da fraseologia freudiana. Há realmente fase oral, fase anal, ou não existe? Até acho que talvez seja possível testar empiricamente alguns fragmentos da teoria freudiana, mas são fragmentos, e a psicanálise não é isso. A psicanálise é justamente aquilo que se dá no interior de uma relação clínica. Mas é só clínica, não tem teoria? Neste caso é uma *techne*, não é uma *epistheme*. Os psicanalistas precisam aceitar e viver essa contradição, entender o desespero de pertencer a uma ciência que não é ciência e praticá-la.

RP – Seria uma evolução do ousar saber para o ousar pensar?
SR – O ousar pensar a ambigüidade, ousar pensar o interstício, a idéia do não-obstáculo, ou seja, você é o não-lugar. Utopia, aliás, é o não lugar.

RP – Em vários momentos o senhor destaca o papel social da psicanálise. Qual é esse papel, na sua opinião? Ele pode ir além de entender os fenômenos sociais?
SR – Eu acho que basicamente deveria haver uma cooperação no campo da ciência, no campo acadêmico, entre as ciências sociais, as ciências humanas em geral e a psicanálise. Disciplinas como a sociologia, por exemplo, poderiam se deixar instrumentalizar um pouco mais pela perspectiva psicanalítica, e a psicanálise, por sua vez, poderia tentar se informar um pouco mais das outras áreas. É claro que existem psicanalistas que também são filósofos, sociólogos, mas talvez fosse necessária uma interação um pouco maior. O psicanalista tem instrumentos para compreender determinados fenômenos contemporâneos que outros cientistas sociais não têm, como

os movimentos de minorias, o feminismo por exemplo. Acho que a questão da situação da mulher não está de maneira alguma encaminhada de uma forma correta. O movimento feminista no Brasil – tenho a impressão – está influenciado demais por uma orientação diferencialista americana, que sustenta a existência de uma diferença de qualidade entre o psiquismo masculino e o psiquismo feminino. Isto é verdade? Existe essa diferença na natureza? Além das diferenças puramente anatômicas, existe algo especificamente feminino? Isso é psicanálise, isso a medicina não pode dizer, porque não se trata apenas de uma coisa anatômica. Isso a sociologia não pode dizer, porque não se trata apenas de comportamentos sociais explícitos, mas a psicanálise pode. As feministas americanas têm razão ou não têm razão? Isso é importante politicamente.

O movimento feminista tradicionalmente foi um movimento igualitário, tratava-se de libertar a mulher da opressão sexista e para isso era preciso que se instalasse uma igualdade de direitos entre homens e mulheres, até o momento em que chegaram algumas feministas americanas dizendo que não é nada disto, que o problema não é o problema da igualdade, ao contrário, é o problema da diferença. Não se deve assegurar à mulher o direito à igualdade, deve se assegurar o direito à diferença. É isto o correto? Não sei, esse é um dos temas. Como a questão do movimento gay, por exemplo, que está começando a surgir no Brasil. Existe um gene homossexual como acaba de ser descoberto? O que Freud disse sobre o homossexualismo é verdade? A descrição que Freud faz da gênesis do homossexualismo, a partir de uma recordação da infância de Leonardo da Vinci, é correta? É assim mesmo que se dá?

Em suma, há movimentos sociais que estão surgindo e que precisariam ser elucidados, porque se situam claramente na fronteira, numa área sob a jurisdição da psicanálise. Freud foi o primeiro, muito antes de Marcuse, a tematizar a idéia de uma repressão excedente, além do recalque necessário para manter a vida civilizada, a exigência de uma certa quota de sacrifício adicional, que só se exige dos mais pobres, dos mais oprimidos, e que a maneira de resolver esse problema seria acabar com o mal-estar, com a culpa, usando o cimento da solidariedade, da coesão social para acabar com essa repressão excedente. Freud diz com toda a clareza: é preciso que haja mudanças na relação de propriedade. Uma mudança na relação de propriedade é muito mais eficaz do que qualquer tese socialista ou psicanalítica. Vamos mudar a relação de propriedade. Isso é Freud quem diz, não Marx. Esse pensamento está sendo aprofundado, está sendo desenvolvido? Acho que os psicanalistas deveriam imitar o exemplo de Freud, que tinha uma ação cívica. Freud pensava como cidadão do mundo, o que fica claro quando se lê sua correspondência com Einstein sobre a guerra. Quando Freud estava fazendo psicanálise individual ou analisando o mal-estar da civilização, não havia essa fronteira entre psicanálise e clínica, entre psicanálise e psicanálise aplicada para compreender as macroinstituições. Onde está isso na psicanálise atual? Eu leio várias revistas de psicanálise e encontro análises fecundas, inteligentes, sinceras, bem-intencionadas sobre problemas da psicanálise individual. Mas onde está a psicanálise épica com que Freud falava sobre as origens da humanidade? Por que a psicanálise ficou prosaica, deixou de ser épica?

.

Revisão técnica: Viviane Mondrzak e Gisha Brodacz

© *Revista de Psicanálise – SPPA*

Roy Schafer

Roy Schafer nasceu na cidade de Nova York, em 1922. Fez sua formação em psicologia, graduando-se em 1943, no City College New York. Tornou-se Mestre pela Kansas University em 1947 e PhD pela Clark University em 1950. Fez seu treinamento como psicólogo clínico na Clínica Menninger sob orientação de David Rappaport. Nessa mesma instituição, coordenou o setor de testagem psicológica de 1946 até 1947. Também coordenou, entre 1947 e 1953, a testagem e treinamento em psicoterapia no Austen Riggs Center sob orientação de R.P.Knight, Merton Gill, Margaret Brenman e Erik Erikson, entre outros. Em 1953, assumiu o departamento de psiquiatria da Yale University Medical School como Chefe de Psicologia (1953-1961) e Professor Assistente, sendo promovido para Professor Associado antes de mudar-se para o departamento de Saúde Mental do Estudante (1961-1976), onde foi promovido a Professor Clínico. Realizou sua formação psicanalítica no Western New England Psychoanalytic Institute, onde posteriormente se tornou analista didata e presidente (1965-1966). Entre 1975 e 1976 ocupou a função de primeiro professor do Freud Memorial no University College of London e, após, foi indicado como professor no Departamento de psiquiatria do Cornell University College of Medicine (1976-1979). Desde 1979 tem sua atividade na clínica privada e como Analista Didata e Supervisor na Columbia University Center for Psychoanalytic Training and Research. Foi Vice-Presidente da International Psychoanalytical Association de 1997 até 2001.

Seu desenvolvimento teórico iniciou-se dentro da escola da psicologia do ego, quando publicou diversos artigos clínicos e livros, sendo que, nos últimos, desenvolveu uma crítica à visão fisicalista da metapsicologia de Freud. Entre os anos 1970 e 1980 escreveu sobre linguagem da ação (*action language*) e narrativa na psicanálise e desde então tem dado maior ênfase ao trabalho clínico dos kleinianos contemporâneos, particularmente como é praticado por Betty Joseph e o grupo ao seu redor, em Londres.

Algumas de suas mais recentes publicações são as seguintes: *Retelling a Life: Narration and Dialogue in Psychoanalysis, 1994; Tradition and Change in Psychoanalysis, 1997 e The Contemporary Kleinians of London, 1997.*

Esta entrevista foi concedida, em Barcelona, a Mauro Gus, Anette Blaya Luz, Jussara Dal Zot, Raul Hartke, Ruggero Levy, Ida Gus, Paulo Favalli e Sérgio Lewkowicz.

RP – Dando início ao nosso encontro, queremos agradecer-lhe a presença e dizer-lhe que consideramos muito interessante seu pensamento psicanalítico. Gostaríamos que nos contasse alguma coisa sobre sua vida como psicanalista, sua formação e principais influências teóricas.

RS – Minha vida como psicanalista começou na Faculdade. Nem mesmo planejava dedicar-me à psicologia, mas, depois de ler *Introdução Geral à Psicanálise*, de Freud, numa disciplina que era requisito obrigatório, soube que qualquer coisa que fizesse teria de se relacionar à psicanálise. Era a minha vocação, e essa leitura foi uma "daquelas" experiências. Antes disso era um adolescente que tirava boas notas, mas que não sabia o que faria no futuro. Concentrei-me, então, em psicologia. Em andamento havia um projeto de pesquisa sobre testes psicológicos na Clínica Menninger. Estavam selecionando assistentes de pesquisa. A Segunda Guerra Mundial estava em curso, mas, como eu ainda não havia sido chamado pelo exército, me contrataram. Foi a grande oportunidade da minha vida, porque meu mentor, David Rappaport, se tornou um teórico muito conhecido em psicanálise. Naquela época ele estava não só encarregado dos testes na Clínica Menninger como das pesquisas sobre aqueles que ainda não tinham sido desenvolvidos a ponto de se transformarem em bons instrumentos clínicos. Preocupavam-se com testes para medir a inteligência. Já havia um, o Rorschach, além de alguns outros, mas nada que pudesse ser aplicado sistematicamente nos pacientes. O trabalho que ele realizou, no qual eu o auxiliei, tornou-se, para muitos, a base da moderna psicologia clínica.

Bem, trabalhei com ele na Clínica Menninger durante três anos, até ser convocado. Terminamos o projeto e, quando saí do exército, retornei à mesma atividade; fui encarregado dos testes, sempre em constante associação com ele. Mudamo-nos, então, para o Centro Western Riggs, em Massachusetts. Ao longo desse tempo, líamos Freud e a psicologia do ego.

Naquela época, psicólogos não faziam psicoterapia, porque a Associação Psicanalítica Americana não autorizava o treinamento de não-médicos. De modo que eu tinha uma base muito ampla em teoria psicanalítica e a usava nos testes. Escrevi vários livros que influenciaram o uso das idéias psicanalíticas em testes psicológicos. Pude, então, fazer a formação psicanalítica, porque abriram uma janelinha chamada de "psicólogos de pesquisas". Fui o primeiro, ou dos primeiros, a entrar. Assim, fiz minha formação psicanalítica no recém-criado Western New England Psychoanalytic Institute e lá me diplomei. Na realidade, Rappaport estava ministrando os seminários teóricos sobre Freud, mas, como ele queria ensinar outros temas, mesmo antes de me formar, nomearam-me para o corpo docente, pois eu já sabia muita teoria, embora ainda fosse candidato, uma situação estranha. Tornei-me membro da Sociedade e, com o passar do tempo, seu presidente, em meados da década de 1960.

Assim, durante muitos anos da minha formação psicanalítica, fui um ferrenho defensor da psicologia do ego de Freud, embora um dos meus supervisores, na realidade o meu primeiro, fosse Hans Löwenstein, cujo trabalho vocês talvez conheçam. Ele já estava adotando um ponto de vista mais próximo da teoria das relações objetais, mas nunca falava disso abertamente, embora utilizasse sempre os conceitos antigos para ensinar idéias novas. Também se interessava muito pelo existencialismo, que estudara um pouco na Alemanha. Acredito que havia muito do existencialismo no seu modo de pensar. Para mim ele era um freudiano muito comprometido com a psicologia do ego. Essa foi minha orientação; fomos doutrinados a pensar que qualquer coisa kleiniana era demoníaca – uma das palavras então empregadas – era análise selvagem, loucura, fantasias de uma mulher estranha, de modo que tínhamos opiniões sem conhecimento, realmente, pois não nos ofereciam nada para ler.

Ora, no decorrer dos meus estudos, comecei a dar-me conta de que havia grandes lacunas na teoria; alguns dos meus alunos mais inteligentes contestavam-me. Na realidade, essas lacunas tinham a ver com o desenvolvimento precoce e a agressão precoce, aspectos que não estavam sendo enfatizados na psicologia do ego. Tudo começava com o complexo de Édipo, tal como havia dito Freud. Eu sei que Freud disse muitas coisas e sei, também, que há vários meios de se encontrarem pensamentos e achados relacionados à teoria das relações objetais, mas não era assim com os psicólogos do ego tais como Hartmann, Kris, Löwenstein e Rappaport. Mesmo em trabalhos como *O Ego e o Id, Inibição, sintomas e ansiedade* e em outros posteriores, sempre enfocaram os aspectos que se referiam às estruturas psíquicas e à energia, o que é, geralmente, conhecido como metapsicologia freudiana. Perito nisso, no fim da década de 1960, publiquei um livro chamado *Aspects of Internalization*.

Era uma revisão, mas também continha alguma crítica à versão mais avançada da metapsicologia de Freud. Eu conhecia, e penso que ainda conheço muito bem, por dentro e por fora, Hartmann, Kris, Löwenstein, Rappaport. Muitas pessoas, nos Estados Unidos, ainda sentem que devem grande fidelidade àquela versão, no entanto a citam erroneamente. Quanto a mim, só expresso opiniões quando dominar completamente um assunto, o que significa que sou um tanto quanto limitado, mas muita gente não se dá conta disso. Não consigo me concentrar em tudo. Como escrevo bastante, não me sobra muito tempo para leituras.

Mas voltando à minha experiência de ensino, dei-me conta de que havia problemas na teoria de Freud sobre as mulheres, sobre o desenvolvimento infantil, a agressão e comecei a escrever a respeito. Redigi meus primeiros trabalhos sobre a teoria clínica dos afetos, sobre superego e empatia e sobre assuntos que não eram discutidos na literatura da psicologia do ego. Julgava que estava aperfeiçoando a psicologia do ego, mas foi o início do meu desvio para algo diferente: dei-me conta, finalmente, de que estava abandonando a metapsicologia de Freud. Apresentei trabalhos, e as pessoas disseram: "São boas críticas, mas é tudo que temos". Assim, tomei isso como um desafio e decidi: "Vejamos como fazê-lo de maneira diferente", e fiz. Embora não tenha um preparo formal em filosofia, li muito sobre interpretação dentro da filosofia e da crítica literária. Para mim isso é que é a psicanálise: interpretação. Em um teste psicológico, você tem números, tem respostas, mas o que significam? É necessário encontrar um significado. E isso é interpretação.

Dei-me conta de que a maneira de fazê-lo não era como a de Freud: começar com um modelo do tipo "Que pensamentos são necessários para tornar a psicanálise uma ciência respeitável?". Ele disse isso em cartas e escritos, pois se comprometeu com tornar a psicanálise uma ciência tão digna quanto as ciências físicas e químicas de sua época. Penso que aquela era a hipótese errada e, no pensamento moderno, também seria a hipótese errada. A hipótese correta seria: "O que estamos fazendo? Que tipos de hipóteses precisamos para fazê-lo? Vamos desenvolver conceitos apropriados para isso." De modo que é assim que cheguei à idéia de uma nova linguagem para a psicanálise. Dei-me conta disso, mas não se constituía numa recomendação para mudar. Muita gente me interpretou mal, até mesmo Laplanche e Leary. Não recomendava nada diferente dos métodos psicanalíticos estabelecidos, mas, sim, reexamino os métodos conforme os entendo. Talvez nem todos concordem com isso.

De modo que indagava de que hipóteses necessitamos, em que operações nos envolvemos com relação aos métodos e que afirmações, em termos de conhecimentos, nos sentimos no direito de fazer e por que. Basicamente, estamos ajudando as pessoas a entenderem que constróem sua própria experiência com base na realidade psíquica, relacionando-a com uma realidade mais ou menos objetivamente construída, sob forte influência daquilo que é denominado de inconsciente. Isso realmente significa ajudá-las a se tornarem pessoas que, em termos kleinianos, estão, agora, em posição depressiva. Podem refletir, podem assumir responsabilidade, podem tolerar a ambivalência e podem considerar-se não como controlando tudo nas suas vidas, mas como um centro ativo nas suas vidas, em vez da maneira como tantas delas se apresentam, como vítimas passivas das circunstâncias, de outras pessoas, de pais ruins, tudo externalizado. Não é assim que os psicanalistas trabalham. Os psicanalistas explicitam o que há de novo, agora, que possa estar contribuindo para seus sintomas; abordam o caráter e o seu destino e assim por diante, e isso podemos interpretar.

Comecei, assim, a abordar a linguagem da ação. Há um ramo da filosofia denominado filosofia da ação que discute detalhadamente questões relacionadas, na qual baseei muito do meu trabalho. Depois, na medida em que avançava, comecei a desenvolver um aspecto, do ponto de vista dessa abordagem, que é o seguinte: o mesmo comportamento, a mesma conduta, o mesmo modo de pensar podem ser considerados de diferentes pontos de vista. Por exemplo, hoje estou sendo entrevistado pela Revista e vocês podem dizer isso de diferentes modos: um, que desejo causar uma certa impressão, ou que me sinto contente de estar aqui, porque tive problemas com minhas costas antes do congresso e nem sequer estava certo de poder vir, de modo que estou celebrando e assim por diante. Ou seja, há uma maneira de escolher a descrição que vocês consideram a mais apropriada para o contexto, a mais relevante para vocês. Isso também é muito relevante para a teoria da crítica literária moderna e para a moderna filosofia como eu as entendo. Também acredito que esse aspecto sempre foi importante no pensamento de Freud. Nisso é que consiste o trabalho em termos de contexto dinâmico, motivacional, histórico. Não se trata da verdadeira história, mas como a pessoa a imagina, o que nos leva de volta à fantasia inconsciente e para algo assim como a realidade. Não estamos, porém, em situação de dizer que é, absolutamente, isso mesmo. Antigamente, até mesmo Freud, costumava-se pensar: "Podemos reconstruir o evento real" como no Homem dos Lobos. As relações sexuais ocorriam, segundo esse enfoque, de certa maneira, a certa hora do dia, e isso é o que se encontra presente em sua memória atual.

Porém, hoje em dia, há todo um ramo da psicologia que consiste no estudo da memória e que afirma que não retemos memórias de registros separados. O que retemos são o que chamam *scripts*, na forma de narrativas completas ou estruturas de histórias. Pensando desta forma, que pode haver escolhas, que há diferentes modos de narrar algo, que tudo se estrutura segundo um roteiro que se quer consistente, é que comecei a introduzir idéias sobre a narrativa de uma estrutura da história. E assim escrevi outra série de trabalhos, não porque abandonei a linguagem da ação, mas porque essa lhe deu origem. Escrevi, no início da década de noventa, um livro recontando uma vida segundo esse tipo de narrativa, embora em outro livro anterior, *The Analytic Attitude*, já tivesse começado a introduzir a mesma idéia. Mas não vou ocupar todo o nosso tempo com isso.

RP – Sinta-se à vontade...

RS – Como parte da minha exploração crítica da metapsicologia de Freud, comecei a ler Melanie Klein, Fairbairn e os trabalhos ligados aos debates Klein-Freud e publicados como trabalhos separados. Foi muito difícil, mas vi que havia neles algo, não empregado na psicologia do ego, que poderia ser utilizado. Interessei-me de tal forma que, como professor do meu Instituto, comecei uma disciplina acerca do pensamento britânico sobre as relações objetais e, por um ano, uma disciplina sobre o pensamento de Klein que desenvolvi da melhor forma possível. Sempre senti, assim como Hartmann e outros, que havia algo importante ali. Eles escreveram um trabalho sobre o superego e um novo trabalho sobre agressão. Tentavam incorporar idéias que realmente deviam a Melanie Klein, sem dar-lhe esse crédito, e incluí-las na psicologia do ego. Contudo o faziam em termos muito formalistas, segundo seu modo de pensar. Porém o rico conteúdo das fantasias não estava presente.

E assim foi até o momento em que Betty Joseph começou a publicar seus trabalhos. Não os primeiros, mas os mais recentes como

On Understanding and Not Understanding, ou Addiction to Near Death e assim por diante. Fiquei simplesmente abismado com esses trabalhos: não apenas ela se servia de suas raízes em Klein, como também realizava uma grande evolução. Essa, na minha opinião, consistia numa maneira de usar Klein que não envolvia o fluxo direto da reconstrução psicanalítica do início da vida, na qual há poucas comunicações do paciente. Trata-se de toda uma maneira de ouvir, de todo um tipo de "tato" psicanalítico, de um sentido de momento (*timming*) e de uma atenção especial para descobrir se o paciente está num nível e num estado de espírito capaz de ouvir e de usar o que você está dizendo, ou, caso contrário, se o analista (para capacitá-lo a ouvir) tem alguma outra tarefa a realizar antes disso.

Essa idéia não é alheia à psicologia freudiana do ego. Eles também falam a respeito de preparar o terreno, mas não no mesmo sentido. O tipo de interpretações que Betty Joseph faz, ou o tipo de concepção da posição esquizoparanóide que requer não está presente neles. Assim, passei a julgá-la cada vez mais útil no meu trabalho clínico e, gradativamente, comecei a lê-la mais e mais. Ainda não posso dizer que domino o assunto, mas...

Creio que a própria Betty Joseph, muitas vezes, aprecia meus trabalhos. Apresentei, ontem, um a que ela assistiu e do qual gostou muito. Mal posso dizer a vocês como fiquei feliz com isso. Penso assim e o disse: "Se puder agradá-la, realmente sinto que consegui realizar algo". Minha esposa tem uma história semelhante de certo modo. Embora sua formação original tenha sido diferente, também se tornou uma fã de Betty Joseph desde cedo. Nós nos reunimos e agora temos vários *workshops* em Nova York, para formar analistas interessados. Há um interesse crescente nos Estados Unidos por qualquer tipo de pensamento que envolva as relações de objeto. Infelizmente é muito mais fácil assimilar Winnicott do que Klein, porque Winnicott permite muito mais liberdade pessoal para se ser mais poético, mais literário. Não ficamos trabalhando dentro de uma disciplina conceitual e técnica severa, como faziam os kleinianos modernos.

De fato esse é um ponto interessante que discuti com alguns deles. Não se pode usar esse método, de modo absoluto e rígido, com a maioria dos americanos. A cultura americana exige a permissão de que cada um seja ele mesmo, para tornar a análise aceitável. E você tem de dar mais tempo, ser mais paciente e assim por diante. Mas trouxemos Joseph e Feldman, Steiner e Spillius para grupos de estudo nos Estados Unidos. Temos *workshops* com eles. Todos causaram uma impressão maravilhosa. Mas há gente treinada para ser estritamente psicólogo de ego e assim acham muito interessantes os analistas acima, mas não percebem que podem usá-los no seu trabalho. Isso é que é o difícil. Porque nisso está envolvida uma identidade profissional, até mesmo o apoio econômico. Se as pessoas ficam sabendo que é nessa direção que você está indo, passam a ter grandes reservas a respeito de encaminhar pacientes. Minha esposa e eu sentimos isso, porque somos publicamente identificados como kleinianos.

Meu trabalho ainda aproveita minha formação na psicologia do ego, que me preparou para pensar mais detidamente sobre as estruturas das defesas de um modo organizado. No pensamento kleiniano, bem, falo de coisas que já sabem. O esforço dá-se no sentido de abordar todo o possível em termos de fantasia inconsciente, mesmo as defesas. Utilizam termos a respeito das defesas, mas, interpretativamente, tudo é sempre compreendido em termos de fantasia inconsciente, se for possível, o que penso ser extremamente útil no trabalho clínico. Ajuda a vencer certas dificuldades na comunicação com os pacientes, diversamente do que ocorre com a psicologia do ego. Nos Estados Unidos há uma decepção crescente com a psicologia do ego como técnica. Por isso estão voltando-se para a teoria das relações objetais. Mesmo Heinz Kohut, com sua psicologia do *self*. Não sei se ele é bem-conhecido no Brasil, mas sua influência está se disseminando. Consiste em outra versão da psicologia das relações de objeto, embora prefira falar do objeto do *self*, em vez dos objetos da fantasia inconsciente, dos diferentes estados do *self*, em lugar das fantasias inconscientes a respeito de um fragmento do *self*. Ele nem utiliza mais a palavra "inconsciente". Muitas pessoas pensam, no tocante à linguagem da ação, que há outras coisas dentro do conceito do inconsciente. Creio que Laplanche pensa assim, mas podemos falar sobre isso mais tarde. De qualquer forma, isso lhes dá algumas idéias da posição em que agora me encontro. Se deixei de fora muitas coisas, falei de muitas outras também.

RP – Temos percebido sua aproximação com os kleinianos. Inclusive, um dos seus últimos livros é sobre os kleinianos de Londres, hoje. Mas, ao lado dessa aproximação, existiriam alguns pontos de divergência? Quais os principais?

RS – Mencionei uma das diferenças técnicas que não está sujeita a discordâncias, embora, quando vêm fazer *workshops*, muitas vezes insistam com os estudantes para que comecem a interpretar mais cedo, mais ativamente do que nós realmente tendemos a fazer. Posso entender que digam isso; penso que pode funcionar melhor com os britânicos, pois o paciente britânico médio foi criado numa cultura com muito mais resíduos de um sistema social autoritário. Sua formação escolar e vida em família o preparam para aceitar o que dizem os mais velhos e funcionar segundo regras, embora eu saiba que a vida britânica moderna está mudando radicalmente.

Assim, penso que suas idéias exigem, entre nós, uma introdução mais lenta com os pacientes. Não há apenas uma diferença cultural. Poderíamos dizer que, mesmo com o paciente britânico, minha impressão é de que as interpretações são, muitas vezes, feitas cedo demais, em medida excessiva, podendo criar um efeito de estruturar o pensamento do paciente. Penso que eles contam coisas demais, excessivamente cedo. De modo que foi um tipo de adesão inconsciente, que, embora muito sensível, talvez não capte suficientemente esse aspecto. Sei que todos os pacientes começam a usar o modo de pensar do seu analista e não creio que seja ruim, mas que isso pode ocorrer muito cedo e de forma excessiva. O modo como costumam trabalhar elimina certos tipos de ambigüidades a respeito do trabalho analítico. Grande parte da vida também não é tão clara assim. Sabemos que envolve diferentes coisas, mas exatamente como ou quanto, ou o que é mais importante, é meio difícil de dizer. Mas muitas das suas interpretações pressupõem um conhecimento definitivo que vem da teoria e não do paciente.

Mais uma vez isso vale para toda a psicanálise: não acredito naqueles psicanalistas que dizem que se deve ouvir apenas o paciente e utilizar o que o paciente diz. Isso não é mais psicanálise na minha opinião. Consiste numa conversa sensitiva. Psicanálise significa que se usem certas idéias e se espere que o paciente, na medida em que pôde assimilá-las autenticamente, comece a ver que é valioso pensar dessa forma sem muita variação. Isso quanto ao aspecto técnico. Do ponto de vista teórico, há uma grande diferença: penso que os kleinianos ainda se sentem obrigados a expressar fidelidade a conceitos tais como a pulsão de morte. Até mesmo escrevem trabalhos. Hanna Segal recentemente escreveu *The Clinical Uses of the Death Instinct*. Mais uma vez, fazendo uso da minha maneira de entender o método da psicanálise, se você olhar o que fazem, eles estão interpretando a agressão, agressão contra o *self* ou contra o outro. Enfim, diferentes versões da agressão, todas as diferentes emoções nela envolvidas: raiva, inveja, onipotência. A identificação projetiva tem um lado agressivo. Penso que psicólogos do ego freudianos, mesmo que Freud tenha introduzido a teoria dual dos instintos, rejeitaram a pulsão de morte e disseram que ainda acreditavam numa pulsão agressiva. Não a utilizam de maneira tão rica quanto os kleinianos, e considero que isso é uma vantagem clínica. Dos kleinianos a gente consegue não apenas ver a agressão, mas também se dar conta de quanto ainda existe no caminho. Quando apresentei meu trabalho, ontem, a Jacques Allain Müller, o lacaniano me criticou dizendo que eu fazia com que o paciente parecesse um inimigo. Respondi-lhe: "Há uma parte do paciente que é teu inimigo desde o início". Eles têm medo de mudar.

RP – Sim, mas o sr. disse que sua abordagem era esperar para interpretar, que demora um tempo até interpretar.

RS – Sim, antes de aparecer o amor autêntico e o ego. E esse é um antigo princípio da interpretação kleiniana. Na realidade, remonta a Melanie Klein. Não é possível chegar à libido com amor, a não ser que se tenha eliminado toda a agressão. Ora, Hartmann, mesmo na psicologia do ego, estava começando a entender isso, quando elaborou a metapsicologia das defesas. Ele explicitou que a defesa usa energia agressiva. Não tão primitiva como no id, mas consiste em energia agressiva. Bem, e na psicologia do ego, a análise das defesas tem sempre a prioridade. Isso quer dizer que você está analisando a agressão. Mas a maioria deles não pensa exatamente dessa forma. Eu tento nunca dizer todo mundo, porque não acredito que isso se ajuste a todo mundo. Mas a tendência é de falar sobre a defesa e não sobre todos os modos como o paciente está sendo agressivo contra você numa situação. Aí é que a abordagem da fantasia kleiniana tem grande utilidade.

Porém eles ainda ligam isso à idéia de pulsão de morte, o que penso ser uma hipótese desnecessária. Pode-se fazê-lo, mas não creio que acrescente alguma coisa à teoria. Estamos fazendo algo que Freud começou e que, na minha opinião, consiste num pensamento filosófico antiquado. Para que discutamos algo, é necessário perguntar: "Como é possível que esteja aí? Como é possível que haja agressão?". Assim pensava Freud, numa era em que todo mundo tinha ficado muito instigado pelos instintos. Ele disse, então, que havia um instinto agressivo ou destrutivo. Pensou da mesma forma com relação à libido: "Como é possível ter desejo sexual?". Deveria ser a libido. Hoje é perfeitamente permissível, filosoficamente, dizer: "As pessoas manifestam certos tipos de sentimentos e fantasias em seus comportamentos e determinadas sensações e tudo isso pode ser compreendido sob a idéia de que se trata de desejo sexual, excitação sexual". Tudo isso se inclui no que denominamos de amor. Perpassa todos os aspectos da vida. Também é perfeitamente possível falar sobre agressão. Você não precisar dizer de onde vem. Você não precisa dizer quais são os grandes princípios da vida, como o prazer e a dor, ou atividade e passividade. Você toma os conceitos de que necessita para realizar as operações que faz. Isso vale até mesmo na física. Não sou um grande estudante de física, mas temos diferentes teorias. Há a teoria das ondas e a teoria das partículas. Há duas teorias diferentes quanto ao modo pelo qual a luz é transmitida. Ambas as teorias respondem pela compreensão de determinados tipos de fenômenos. A idéia de que se pode estabelecer o que é denominada uma teoria local evoluiu a partir disso. Se você tem um conjunto de idéias, e essas funcionam para determinada área da natureza, e se você puder demonstrar isso, ótimo! Algumas pessoas pensam que algum dia necessitaremos de uma teoria que abranja tudo. Outras pessoas pensam: "Que importa?". Tendo a pensar dessa forma.

Temos muitas idéias produtivas, utilizemos o que temos ou, em outras palavras, minha atitude tem sido, sempre: "Vejamos o que utilizamos, não façamos suposições desnecessárias". Assim, não falo muito sobre a libido como fonte básica de energia, ou a respeito da pulsão de morte. Acredito que se pode analisar com sucesso, sem ter de presumir que a agressão está em toda parte, e a libido ou o sexo, em sentido geral, está em toda parte, seja nas formas mais primitivas ou mais avançadas. Isso corresponde às necessidades da psicanálise e de muitas coisas das quais você não se dá conta e não apenas com relação àquilo que queira desconhecer. Se você quiser chamar isso de inconsciente, ótimo! Acredito que isso é necessário para o nosso trabalho. É exatamente o que disse Freud: "O funcionamento mental está cheio de lacunas, descontinuidades, contradições. Contudo, de alguma maneira, deve fazer sentido". Se pressupomos que há uma mente inconsciente com motivações, fantasias e idéias, podemos preencher as lacunas e resolver as inconsistências, podemos tornar a vida psíquica mais compreensível. Então o façamos. É possível encontrar isso nos seus escritos.

Mais tarde as pessoas se tornaram o que, em termos filosóficos, é chamado de essencialismo. Isto é, pensam que há um inconsciente; ou uma compulsão à repetição, mencionada por Laplanche; ou, ainda, que há uma libido, uma pulsão de morte. Hoje diríamos que devemos utilizar esses conceitos como axiomas para nosso trabalho. Não temos qualquer validação absoluta para dizer: "Aí está, não existe outra maneira de falar a respeito!". Kohut fala de maneira diferente, os psicólogos do ego de outra, os analistas interpessoais de outra.

Conforme se enfoquem os conceitos, temos um sistema diferente que pode afetar o modo como você trabalha clinicamente e se sente a respeito disso. Não estou dizendo, porém, que são apenas maneiras diferentes de falar sobre a mesma coisa.

RP – Dr. Schafer, o senhor pensa como Heinz Hartmann a respeito do conceito de adaptação, quando fala sobre esse ambiente cultural e a capacidade do ego de relacionar-se com o objeto interno e a realidade externa. Pergunto-lhe sobre o conceito essencial de adaptação de Heinz Hartmann. O senhor crê nos conceitos principais da teoria desse autor?

RS – Conforme ele a definiu? Ou como os franceses o fizeram?

RP – Sim, como ele a definiu.

RS – Os franceses pensam que se trata de uma atitude americana de conformidade e aceitação da ordem social estabelecida. Não é isso que Hartmann quis dizer. Hartmann quis dizer que poderia significar deixar isso para trás, ou podia significar mudar aquilo, mas olhava uma pessoa como estando sempre fora de si mesma. Tomou a idéia da biologia de como se desenvolvem os organismos. Os estudos modernos do desenvolvimento do bebê estão mostrando isso, por exemplo, com fitas de vídeo. Uma criança nasce já preparada para começar a sintonizar os sinais da mãe, o que você não pode ver com a percepção normal. Mas, na televisão, imagem por imagem, você pode ver todos os sinais e influências em ação. Ele se interessava muito por isso. Consiste numa teoria de campo sobre o desenvolvimento, isto é, que se está sempre numa relação com o meio. Mas que tipo de relação? Poderia ser de qualquer tipo. O que ele queria dizer era: "Temos de pensar a respeito".

O que também quis dizer foi que, para tanto, temos de pensar sobre o que acontece com a mente dos bebês, para que se obtenha algum tipo de imagem confiável do mundo à sua volta. Qualquer coisa que passe por objetiva, qualquer coisa que suponha ver outra pessoa não como pura figura de fantasia ou de suas projeções e sim uma figura completa, com suas próprias diferenças em relação a você. Não é possível chegar a isso a partir somente dos instintos. As pulsões instintivas dominariam a mente por completo. Assim, temos de pensar sobre como a mente se desenvolve para poder, pelo menos, tentar constantemente estar numa relação com um ambiente externo. De modo que possa haver uma ligação com esse. Isso não significa que você funciona sem fantasia inconsciente, mas ele, Hartmann, não quis permitir um papel importante para a fantasia inconsciente, quis abordar as funções cognitivas do ego necessárias à adaptação.

RP – No sentido primário e secundário.

RS – Sim. No sentido primário tem a ver com aquele estado de prontidão inicial para relacionar-se com o mundo externo, de modo que a criança possa vincular-se à sua mãe.

RP – Em um artigo publicado em 1994, no Psychoanalytical Quarterly, Kimberlyn Leary afirma que sua descrição do processo analítico como um processo narrativo não seria apenas uma simples revisão da teoria psicanalítica, mas, sim, uma nova visão, "implicitamente informada" pela perspectiva pós-moderna, e tece críticas a esse respeito. O que o sr. pensa sobre esses comentários e críticas?

RS – Bem, penso que o trabalho de Kimberlyn Leary está cheio de erros sérios. Ela escreveu a respeito da teoria pós-moderna. Eu não a conheço. Essa é minha idéia sobre o que ela escreveu. Acho que ela não tem uma boa formação naquele aspecto da filosofia, ou naquilo que se denomina teoria crítica. Penso que ela leu muito a respeito, cita alguns livros, preparou-se, porém não utiliza bem o material. Por exemplo, no seu trabalho, diz que o pós-modernismo consiste numa maneira de ver a teoria. Isso é incorreto. Em primeiro lugar, não existe uma versão única do pós-modernismo. Esse consiste numa coleção de modos de pensar que se afastam da idéia da existência de um fundamento absoluto da verdade, uma única verdade a respeito de qualquer coisa. Há diferentes verdades. Assim abordam a questão do conhecimento, ou o que permita afirmar que se possa conhecer. Há aqui, então, uma abordagem dos métodos usados, das hipóteses nas quais os baseou, dos valores que influenciaram sua escolha daquele método. Em outras palavras, qualquer conjunto de conhecimentos pode ser examinado criticamente, porque ninguém tem o direito de dizer: "Esta é a única verdade". Isso é religião. Não é o que nós denominaríamos ciência, seja uma ciência humana ou uma ciência natural. Assim, ela diz isso e, depois, diz, como indica essa pergunta, que se trata de uma nova teoria, uma nova visão da teoria que estou propondo.

O que proponho – o que venho fazendo desde sempre – é: "Vamos examinar todos os métodos e hipóteses da psicanálise", pelo menos aqueles que me interessaram particularmente, conforme descrevi antes, em que bases você escolhe sublinhar essas, mas não aquelas idéias, em que bases se pode fazer uma crítica de por que Freud concebeu a análise da maneira que o fez, quando ele o fez. Ele tinha certos tipos de valores, preocupava-se com a recepção da psicanálise num ambiente hostil, de modo geral católico, ele era judeu, já era suspeito na Áustria. Essa foi uma das razões que o atraíram para Carl Jung, sabe-se bem disso. Na sua vida pessoal era muito influenciado pelos chamados valores e gostos da moderna classe média burguesa. Suas idéias a respeito de método foram adaptadas da ciência de sua época, que não é a ciência de hoje. Assim, ele pensava de certa forma, e as operações nas quais se envolveu, que eu considero muito adequadas para o pensamento moderno, desenvolveram um conjunto de conceitos baseados no pensamento então prevalente. Assim, o pensamento e a desconstrução pós-modernos e todas as formas de análise às quais ela se refere no seu artigo são modos de examinar argumentos quanto àquilo que está sendo afirmado aqui, por que se chegou a isso. Tentei explicá-lo antes. Penso que o que fazem os analistas consiste em descrever ações a partir de certo ponto de vista, particularmente sexo e agressão. Descrevem a posição da pessoa na vida atual em diferentes versões, ascendendo do mais socializado ao mais primitivo. Ora, esse é o tipo de relato que os pacientes nos contam e cujo sentido tentamos ajudá-los a entender. Eles dizem: "Oh, eu venho de tal e tal família e tive essa experiência e simplesmente detesto minha esposa e meus pais eram gente horrível". Mais no fim da análise, nada disso permanece como verdade, temos uma história diferente. Será essa a verdade absoluta a respeito de tudo? Não podemos dizê-lo, pois consiste numa outra versão de uma história de vida, de sua atual posição na vida; posição que, nesse ínterim, eles terão modificado, se fomos eficazes. Você não está inventando uma história nova e sim encontrando uma maneira melhor e mais útil de ajudá-lo a pensar sobre seu conflito. Não estou dizendo que é isso que os analistas devem fazer, mas é o que sempre fizeram.

RP – Talvez o que podem fazer.
RS – Eles falaram sobre diferentes histórias. Não julgo que ela entenda isso. Ela pensa que eu estou tentando ensinar aos pacientes uma nova maneira de pensar que teria a ver com contar histórias. Há um psicólogo americano, também analista, chamado Donald Spence, que vem escrevendo a respeito disso. Ele escreveu um livro sobre a narrativa em psicanálise, pois se interessa muito pelo antigo ponto de vista objetivo, de que há uma única história verdadeira. Os analistas não têm feito pesquisas suficientes a respeito. Tudo que têm feito consiste em inventar coisas, à medida que avançam, e ele critica muito isso. Eu não, nem mesmo digo que não seja uma história verdadeira, mas que acabamos obtendo uma história melhor, mais verídica sobre nós do que a inicial.

RP – A própria passagem do estado mental esquizoparanóide para o depressivo dita uma nova versão da história.
RS – Sim. Veja como você conta sua vida a partir da posição depressiva e como a vive de uma forma mais genuína.

RP – Em alguns de seus artigos e livros, o prof. Jean Laplanche o caracteriza e critica como um representante do que ele denomina corrente "fenomenológica" em relação ao inconsciente ou, então, o considera um representante do ponto de vista hermenêutico na psi-

canálise. *Ele discorda de sua visão do inconsciente como um autoengano do sujeito, afirmando que o inconsciente freudiano implicaria na existência de "uma outra coisa" dentro de nós que funcionaria segundo modalidades de "causa" e não de "sentido". O que o sr. diria sobre essas observações do prof. Laplanche?*

RS – Bem, penso que palavras como fenomenológico e hermenêutico, definitivamente, se aplicam ao meu modo de pensar, mas, também sempre se aplicaram ao pensamento psicanalítico.

Toda interpretação, desde o início, tinha de ser feita apenas em um determinado contexto. Se alguém diz sim, você não sabe se quer dizer sim ou se quer dizer não. Freud sabia disso. Segundo ele, se alguém diz sim, não sabemos se realmente está de acordo ou não. Poderia ser simplesmente submissão. Se diz não, não sabemos se é uma verdadeira negativa ou outra coisa. Poderia ser resistência.

Não se pode ter uma autoridade externa absoluta. Deve-se entender as coisas no seu contexto. Uma das minhas filhas é historiadora, especializada em história moderna. Ora, também entre os historiadores há uma grande guerra: há alguns muito mais interessados em semiótica e hermenêutica, em Foucault, Kristeva e Lacan, em todos que usam tal abordagem em que se considera quem diz o que, em que contexto, em que circunstâncias, em que ponto do seu desenvolvimento. Então, você pode saber melhor o que algo quer dizer.

Freud, originariamente, pensou: "Tenho de escutar com cuidado e utilizar algumas das minhas hipóteses básicas, já que meu material está indicando isso". Era o que ele apreciava dizer. Ele não foi obrigado a usar nada. Escolheu o que fazer, limitado pela linguagem disponível na época. Aplicou as idéias disponíveis para ele, de certa maneira, e agiu como se tivesse descoberto a verdade! Mas não se tratava disso. Ele encontrara uma maneira, dadas todas suas hipóteses, métodos e material, de dar sentido a algo de certo modo muito útil, tanto terapeuticamente quanto para construir uma teoria da mente. Mesmo hoje em dia, temos mais teorias da mente do que essa. A teoria da mente de Melanie Klein não é exatamente a mesma que a de Freud, nem a de Kohut. Estão relacionadas, mas também apresentam hipóteses bastante diferentes.

Não cheguei especificamente a Laplanche, mas vejam, ele toma idéias como "o inconsciente", ou a "compulsão à repetição" como fatos absolutos. Não se pode explicar nada sem determinadas certezas, e essas são certezas. Se você não as leva em conta, você não estará fazendo psicanálise. Digo, porém, que não são certezas e sim hipóteses. Isso é certamente verdade, por exemplo, na questão da repetição. Os pacientes repetem as coisas "ad infinitum", não importa quão dolorosa é a vivência que tiveram delas. Penso que, na prática real da psicanálise, sempre ajuda perguntar por que se apegam a essa repetição. Deve haver algo pior contra o qual essa vivência o protege, ou ele obtém nisso algum prazer inconsciente, mesmo que conscientemente seja doloroso. Mas isso não exige a suposição de que haja uma compulsão à repetição. Essa é minha diferença em relação a Klein.

RP – Temos mais três perguntas. De modo geral, quais, na sua opinião, são os principais desafios da psicanálise como profissão e como teoria na virada do século? Qual é a sua opinião a respeito da psicanálise latino-americana, hoje em dia?

RS – Penso, considerando que há uma expansão da influência da teoria das relações objetais de uma forma ou outra, em todo o mundo, que há certos aspectos que não estão sendo devidamente teorizados. Essa teoria não leva em conta alguns aspectos que a psicologia do ego considera, por exemplo, como alguém com tantas fantasias, tantos desejos e sentimentos primitivos, se torna uma pessoa racional e civilizada no mundo? Por que você não é governado por fantasias esquizoparanóides durante toda sua vida?

Por isso, Melanie Klein disse explicitamente, e também Hanna Segal, que há o amadurecimento constitucionalmente garantido e que a mente desenvolve uma maior capacidade cujo uso depende de fatores emocionais. Acredito que essa idéia consiste noutra versão da teoria dos instintos: acontecerá normalmente. Se as coisas forem muito mal, o amadurecimento instaurará o senso de realidade.

Tome-se outro fator na vida, não muito discutido, que aparece, muitas vezes apenas numa nota de rodapé, que explica o desenvolvimento dos níveis avançados do ego. Não há uma abordagem teórica suficiente disso, se você quer uma teoria da mente em geral. Isso, porém, não é necessário. Pode-se ter uma teoria suficiente para o trabalho clínico, creio, ao longo de certas linhas. É, de modo geral, o que chamo de "kleiniano moderno", com alguns aspectos da psicologia do ego. Os kleinianos modernos também falam muito sobre as defesas e sobre o desenvolvimento de um senso de realidade. Falam, também, de como a análise pode encontrar formas de ser continente e do tipo de interpretação certo para tornar a fantasia inconsciente tolerável para uma pessoa. Antes não era assim. Como todos nós sabemos, há pacientes que têm momentos muito difíceis, pelo menos quando estão intensamente regredidos. Não importa o que você diga, se falar gentilmente, eles interpretam mal, se falar impessoalmente também, se não falar é pior, é impossível acertar.

Ora, mesmo a mais sutil das interpretações poderia ser interpretada dessa forma pelo paciente. Mas, em algum lugar, se pressupõe que, se você puder encontrar a maneira certa de abordar o problema, o paciente encontrará a maneira de usá-la. Ora, isso consiste numa suposição que não é explicitada. Há algo mais que a pessoa é capaz de fazer, mesmo na posição mais regressiva.

RP – Encontraremos uma maneira de comunicar. O que mais há? Poderia ser a vida e um instinto que faz com que o paciente encontre um jeito? Porque ele quer isso.

RS – Sim, se você usa a teoria dos instintos, então deve pressupor a pulsão de vida. Mas se não a utiliza, o que está pressupondo, pelo menos, é que haja algum tipo de funcionamento primitivo do ego, mesmo nas piores condições. Porém alguns nunca responderão. Não estou falando a respeito deles.

RP – O sr. consideraria isto como área livre de conflito?

RS – Seria uma abordagem possível. Tem de ser totalmente livre de conflitos, ou talvez outra abordagem possível é dizer que, quaisquer que sejam os conflitos, não estão num nível tão primitivo, de modo que os pacientes talvez possam ouvi-lo em um nível um pouco mais avançado. Assim, se estiver pensando nas fases libidinais, eles podem ouvi-lo no nível anal primitivo, em lugar do nível oral precoce. Ainda há muitos conflitos, mas você já avançou um pouco. Não sei qual é a melhor maneira de fazê-lo. Mas esse é um dos problemas. Não estou falando a respeito das idéias comuns agora, do que falou, por exemplo, Wallerstein. Porém há um problema, não importa que teoria se use.

E os psicólogos do ego realmente não dispõem de uma boa maneira de acomodar a fantasia inconsciente, tampouco as pessoas que trabalham a partir da fantasia inconsciente. De modo que ambas as teorias precisam se desenvolver ainda mais, cada uma dentro de seu próprio referencial.

Outra coisa que queria dizer é que os proponentes de qualquer uma das teorias mencionadas, geralmente, falam sobre ela como um produto mais acabado do que é. Como se os limites dos conceitos fossem muito claros e também o modo de utilizá-los. Não é assim. Quando escrevi meu livro *Internalization*, tudo começou como um trabalho sobre identificação. Comecei a ler toda a bibliografia a respeito e cada uma das principais autoridades tinha uma abordagem diferente.

Concordei com todas elas. De modo que penso ser necessário trabalhar mais os limites do nosso conceito e o que nos torna iguais e o que nos torna diferentes. Não há nada estabelecido, conforme gostam de dizer os pensadores teóricos. Nossas teorias são mais primitivas do que muitas vezes gostaríamos. Um dos meus amigos, respeitado nos Estados Unidos, William Grossman, está muito envolvido nisso. Não publicou muito, mas é editor de alguns livros. Interessa-se pelos problemas de limites entre diferentes conceitos e diferentes níveis de desenvolvimento. Até mesmo pensar sobre limites é muito complicado, tão complicado que fica bloqueado ao pensar a respeito, mesmo sendo um ótimo pensador. Isso é tudo que vou falar sobre esse assunto.

Quanto ao que tenho a dizer sobre a psicanálise latino-americana, sinto-me constrangido, mas prefiro ser franco. Trata-se de uma área que não estudo há algum tempo, de modo que não me sinto no direito de ter uma opinião a respeito. Sei que muito do pensamento latino-americano tem-se orientado para Klein. Entendo que Lacan está começando a ter certa influência na América Latina, pelo menos na Argentina. Não sei a respeito de Kohut. Não sei se há grupos de psicólogos do ego em algum lugar, havia no México, mas ignoro se ainda existem, de modo que hesito em ter uma opinião. Não li trabalhos dos latino-americanos, mas eles me parecem mais próximos da Melanie Klein original do que os britânicos. Por isso me concentrei nesses últimos. Sinto que os britânicos modernos são mais compatíveis com meu pensamento e que isso, provavelmente, se deve à minha formação em psicologia do ego. Creio que tiveram seus próprios problemas com os freudianos da psicologia do ego em Londres, os quais estão se tornando mais kleinianos.

Vou contar-lhes uma história interessante. Egle Laufer, uma freudiana moderna, londrina, debatedora numa reunião em que se apresentou um trabalho sobre a psicologia das mulheres, no qual não se mencionou Melanie Klein, disse: "Como podem falar a respeito sem mencionar Melanie Klein?". Isso que ela não é kleiniana. Eles têm-se aproximado mais uns dos outros, o que julgo ser mais compatível.

RP – E sobre a demanda de treinamento analítico nos Estados Unidos?

RS – Está-se tornando um problema sério entre o pessoal com formação médica. Todos os departamentos de psiquiatria, após a Segunda Guerra Mundial, voltaram-se para a psicanálise. Nos últimos anos afastaram-se dela: estão todos interessados em neurobiologia, farmacologia. Como motivo apresentam o fato de os departamentos de psiquiatria das escolas de medicina, em geral, serem muito caros. As Universidades não podem sustentá-los. Insistem em que recebam apoio para pesquisa, de modo que devem dirigir-se ao governo e às companhias farmacêuticas a fim de obter dinheiro. Ora, quem tem o dinheiro tem o poder. E eles têm o poder agora. Assim, o ensino, do ponto de vista dinâmico, está desaparecendo nas escolas de medicina, salvo em algumas. Nessas, como a Columbia, que é eminentemente médica, ainda há também uma forte orientação dinâmica. Meu instituto, o Columbia Institute, recebe muitos candidatos da Columbia. O mesmo acontece entre os psicólogos, mas os estudantes de psicologia não estão aceitando isso. Muitos ainda querem tornar-se clínicos. Há, ainda, dois outros inimigos: há estudantes demais recebendo formação e não há pacientes suficientes para todos. Todo o mundo está dizendo que há menos pacientes analíticos, mas não creio que seja possível demonstrá-lo. Há dez vezes mais analistas do que havia e muitos com uma formação bastante medíocre, porque atualmente há muitos institutos. Institutos extra-oficiais surgem de repente, todos os anos há um novo.

RP – Temos o mesmo problema.

RS – Eles precisam de estudantes, assim tornam-se analistas didatas e, então, têm pacientes. São negócios. Vocês sabem sobre a psicanálise. Marx tinha razão quando disse que tudo está relacionado à economia. Há grandes interesses, há excesso de analistas, especialmente com má formação. O outro inimigo consiste em que as companhias farmacêuticas desenvolveram muita influência sobre as companhias de seguro e as Organizações de Manutenção da Saúde (Health Maintenance Organizations) às quais a maioria das pessoas tem de pertencer, porque o tratamento médico sai muito caro. As Organizações de Manutenção da Saúde não permitem terapia intensiva, recusam-se a pagar.

Ainda há gente que procura psicoterapia e que procura análise, mas essas pessoas precisam ter empregos que paguem muito bem, ou boa renda, como os profissionais liberais, médicos ou advogados, jornalistas bem-sucedidos, ou escritores bem-sucedidos. Se são jovens, têm de ter pais com recursos econômicos. Assim, há um segmento menor da população que aparece para análise. Analistas e terapeutas de renome ainda conseguem pacientes. Mais difícil é conseguir que venham cinco vezes por semana, ou mesmo três. Muitos aceitam três. Em parte trata-se de resistência. Mas, na vida moderna, pelo menos nos Estados Unidos, é difícil achar tempo, diariamente, para ir ao analista. Não era assim antigamente.

RP – As pessoas mudam de cidade freqüentemente.
RS – Mudam-se. Aqueles que viriam, como os advogados, por exemplo, nunca sabem quando terminarão o trabalho, apenas podem nos ver a certa hora da manhã, antes do horário de abertura dos tribunais. As pessoas, no mundo das finanças, iniciam suas reuniões de trabalho às 8 horas, de modo que muitos analistas começam a atender pacientes às 7 horas. Outros têm de viajar, todos nos acostumamos com pacientes que ficam fora dois ou um dia por semana, ou uma semana inteira. Não há o que fazer a respeito. Assim, é cada vez mais difícil praticar a psicanálise da maneira como foi desenvolvida. Mas ainda há muita gente que pode fazê-la e a faz. É necessário, porém, que estejam numa localização favorável.

RP – Dr. Schafer, eu vou falar em português porque gostaríamos que o senhor começasse a se acostumar com nossa língua. Queremos convidá-lo para ir a Porto Alegre, à nossa Sociedade, para uma série de conferências e supervisões. Certamente nossa Sociedade ficará tão encantada quanto nós com sua entrevista. Suas idéias sobre a psicanálise, expostas pelo senhor em uma síntese muito didática, são extremamente importantes e modernas. Atualmente, no movimento psicanalítico, precisamos muito de pessoas como o senhor. Muito obrigado.
RS – Se me permitem responder, foi um prazer e uma honra manter uma discussão com todos vocês.

RP – Muito obrigado.

Transcrição e tradução: Hedy Hofmann
1ª revisão técnica: Rose Eliane Starosta e Ruggero Levy
2ª revisão técnica: César Luis de S. Brito e J. C. Calich

© *Revista de Psicanálise – SPPA*

Daniel Widlöcher

Daniel Widlöcher, médico e PhD em psicologia, psiquiatra e psicanalista de crianças, adolescentes e adultos, nasceu em Paris no ano de 1929. Presidente atual da IPA, foi, após o rompimento com Lacan, juntamente com Lavie e Laplanche, fundador da Federação Psicanalítica Européia, tendo sido seu presidente. É professor emérito da Universidade Pierre et Marie Curie e membro honorário do departamento de psiquiatria do Hospital de La Salpêtrière, destacando-se como ativo professor universitário e pesquisador em psicanálise e psiquiatria.

Além da publicação de inúmeros artigos, é autor de vários livros, versando sobre técnica de psicanálise infantil, depressão, formação da identidade analítica, história da psicanálise na França, entre outros. Seus principais livros são *Interpretação dos desenhos infantis* (1971), *Psicodrama Infantil* (1970), ambos com tradução para o português, *Freud et le problème du changement* (1970), *Psychoanalysis in France* (1980), editado em conjunto com Levobici, *The identity of the psychoanalyst* (1983), editado em conjunto com Edward Joseph, *Les logiques de la dépression"*(1986), *Méthapsychologie du sens* (1986), *Les nouvelles cartes de la psychanalyse* (1996) e *La psyché carrefour* (1997).

Em 22/11/1996, concedeu a seguinte entrevista aos drs. Anette Blaya Luz, José Carlos Calich, Jussara Dal Zot, Mauro Gus, Paulo Henrique Favalli e Theobaldo Thomaz, membros da comissão editorial da Revista da SPPA.

RP – Prezado professor Widlöcher, tem sido uma tradição receber em nossa Revista, para serem entrevistados, ilustres convidados que nos trazem suas experiências da Europa, Estados Unidos e América Latina. Nós nos sentimos muito honrados com a sua pre-

sença, e lhe pedimos licença para gravar a entrevista. Como já lhe disse, em particular, a Revista é bastante jovem, foi criada para comemorar os trinta anos da Sociedade Psicanalítica. Sempre foi um velho sonho de nossos fundadores ter uma publicação abrangente, pluralista, sem preconceitos, com autonomia suficiente para que o Comitê pudesse publicar autores das mais variadas orientações escolásticas. Assim, gostaríamos de ouvi-lo sobre algumas perguntas que já lhe enviamos. De acordo com sua sugestão, após cada resposta, poderemos debatê-la.

Sua presença foi precedida, há um ano, da de uma ilustre conterrânea sua, Roudinesco. Na obra – História da Psicanálise na França *– ela o cita vinte e duas vezes, o que bem atesta sua importância no movimento psicanalítico francês. Entre outras coisas, lembra sua relação com Lacan e sua participação ativa nas medidas que resultaram na "cisão" e fundação da APF. Gostaríamos de ouvi-lo um pouco sobre isso.*

DW – Muito obrigado. Estou muito satisfeito de estar aqui e participar de sua Revista. Quanto às questões que colocam, são muito importantes para a psicanálise. A primeira, concernente à história da psicanálise na França, certamente ultrapassa a situação francesa, já que há problemas atuais comuns ao mundo todo a partir da disseminação do movimento lacaniano.

Gostaria de abordar o tema das duas cisões que conhecem a partir da obra de Elisabeth Roudinesco. Conheço-a bem, ou melhor, eu a conheci quando menina, na época em que eu era estudante de medicina e aluno de sua mãe, psiquiatra infantil, psicanalista de retorno à França depois de, durante a guerra, ter-se mudado para os Estados Unidos. Foi madame Roudinesco, sua mãe, que me fez descobrir a psicanálise. Como estudante, comparecia em seu trabalho e um dia ela me disse: "Você vai fazer psicoterapia em uma criança". Disse-lhe que nunca a fizera, que me interessava pela psicoterapia, psiquiatria, psicanálise, mas não muito. Eram um tanto idiotas, tolas, aquelas histórias de sexualidade biológica. Mas ela me confiou um menino e ocupou-se da supervisão. Um dia contei-lhe algo e ela observou: "Mas isso é a angústia de castração!". "Meu Deus, como se pode interpretá-la?", perguntei. "Você o verá", respondeu-me. Depois disso, certa ocasião em que esse menino cortava massa de modelar, tomei coragem e lhe disse: "Às vezes os menininhos têm medo que cortem o seu pinto". Ele me olhou: "Bem, o meu foi cortado" (risos). Nesse dia compreendi que a psicanálise era um assunto sério. Então ela me mostrou que, para alguém realmente se interessar pela psicologia, em particular para fazer psiquiatria infantil, era necessário ser psicanalisado. Foi ela que me encaminhou a diversos psicanalistas, em particular a Lacan. Quando fui vê-lo, e ele me fez falar, disse-lhe que tinha algumas reservas, que achava a psicanálise uma disciplina um pouco boba, com conceitos demasiadamente redutores, que me interessava pela arte, pela cultura. Nesse momento, ele me fez passear pelo seu apartamento, perguntando-me se conhecia o nome dos pintores, e descobri que Lacan se interessava por literatura, por pintura, o que me tranqüilizou. Depois disso fui ver Madame Roudinesco: "Bem, decidi fazer a minha análise com Lacan". E ela exclamou: "Ele também o seduziu!".

RP – Em que ano foi isto?
DW – Isto ocorreu em 1951, 1952. No fundo essa história mostra muito bem o que foi, para uma geração como a nossa, a sedução de Lacan. Ele nos dizia: "A psicanálise não é uma espécie de biologia simplificadora do instinto sexual. A psicanálise é o estudo do pensamento, da linguagem". Também nos mostrou que não se deveria forçosamente ler certos textos um pouco limitados que havia então, mas que se devia, ouçam, perder a memória. Referia-se ao livro de madame Marie Bonaparte, que achei totalmente estúpido, o livro, não madame Marie Bonaparte. Lacan, nesse momento, nos fez ver uma psicanálise aberta aos problemas da cultura e também de que se devia ler Freud; era lendo Freud que se ficava conhecendo sua psicanálise. Talvez eu volte a falar desse ponto da referência a Freud.

Foi assim que fiz minha análise com Lacan. Como Laplanche e outros da minha geração. Porém, com o passar do tempo, apareceram duas coisas. Em primeiro lugar, a prática de Lacan era, já nessa época, realmente um pouco surpreendente. Sobretudo, pouco a pouco, víamos que seu ensino, em realidade, não era um retorno a Freud e sim um retorno a ele mesmo, Lacan. E mais, diversas vezes, após o fim dessa análise, fazia-lhe perguntas às quais ele jamais respondia. Falava: "Espere, você vai saber tudo isso, eu lhe desenvolverei tudo isso" num tom profético, como se dissesse: "A verdade, eu sou dono dela, é só você esperar, portanto, que eu a diga a você".

Fomos toda uma geração a perder, de repente, nossa fé em Lacan, já que, no fundo, ele não nos dera a fé em Freud. Havíamos lido Freud e compreendíamos que Freud não era Lacan. Isto é, nossa referência a Freud nós a devemos a Lacan; ao mesmo tempo, é o motivo pelo qual nós, depois, nos separamos dele, quando houve o reconhecimento do nosso grupo pela Associação Psicanalítica Internacional. Uma das condições foi que ou Lacan mudaria sua prática, ou não faria mais formação de psicanalistas. Nesse momento, alguns do nosso grupo disseram não serem solidários com a prática de Lacan, embora não houvesse ainda uma verdadeira ruptura teórica. Havia cisão, mas quanto à prática, à clínica. Nossos colegas que ficaram com Lacan, como Leclaire e Bernier, nos diziam: "No fundo vocês têm razão. Mas não se pode romper com Lacan. Ele é genial demais." Em outras palavras, tratava-se de uma transferência mal resolvida, da qual não eram capazes de se distanciar. Foi muito doloroso para nós, obviamente; necessitávamos de um auxílio no plano pessoal, um trabalho analítico que nos permitiu nos desligarmos dessa dependência em relação a Lacan.

Assim se desenvolveu nossa associação. Apenas progressivamente fomos vendo, dessa vez a partir de fora, a conformação da teoria que acaba no mecanicismo, mas foi sobretudo no nível da prática nos separamos completamente. A mim, por exemplo, Lacan dizia: "Sobretudo não faça sessões curtas, só eu posso fazê-las". Em outras palavras, não tive mais confiança em Lacan a partir desse momento e rompemos. Então é verdade o que diz madame Roudinesco, Elizabeth, que conheci menina. Vinha ver-me freqüentemente, enquanto escrevia seu livro e se lembra bem dos fatos, tinha até melhor conhecimento das datas do que eu. Mas foi difícil separar-se de Lacan: éramos um grupo único em que havia os que queriam defendê-lo e romper com a IPA e nós que queríamos romper com ele e irmos para a IPA.

Nesse momento desempenhei um papel bastante ativo, ao ponto de, um dia, Lacan ter-se levantado e dito: "Agora eu sei onde está o telefone vermelho, com Gittelson !"(risos). Isso marcou meu interesse pela IPA, ter tido o telefone vermelho – que eu não tinha – com Gittelson. Mas deve-se dizer que o nosso grupo, inicialmente, não apenas entrou para a IPA, mais do que isso, precisávamos dela para reencontrar nossa identidade analítica e desenvolvê-la e para vivenciarmos o luto, de certo modo, da nossa ruptura com Lacan.

RP – E qual era a importância do telefone vermelho entre Chicago e Paris?

DW – Max Gittelson era, na época, presidente da IPA. A Associação Internacional decidiu que nós constituíamos um grupo de estudos: "Anunciamos que vocês constituem um grupo de estudos". Na realidade, foram Granoff e Lagache que desempenharam um papel decisivo nisso; já tinham mais idade do que nós. Granoff ajudou-nos muito, por um lado, a tomarmos uma decisão, por outro, a criarmos nossa associação. Essa associação, em espírito, era, portanto, profundamente reconhecida à IPA por nos ter ajudado a reencontrar nossa identidade psicanalítica. Devo dizer que, mesmo hoje em dia, para mim, a IPA é essa garantia de que, em algum lugar, há a identidade psicanalítica permitida, quando se está em diferentes locais, ou quando há problemas em nível local. Isso é afetivo, mas é importante para mim. Evidentemente adotamos regras de formação que eram bastante severas. Lagache nos dizia: "Quero que a nossa seja a melhor associação psicanalítica". As quatro sessões eram a nossa regra, enquanto que, na Sociedade de Paris, a sociedade-mãe, por assim dizer, já nessa época se admitiam três sessões por semana.

RP – Tratava-se de uma tradição?

DW – Sim, já era uma longa tradição na Sociedade de Paris, enquanto que, na nossa, por exemplo, Lacan analisava de quatro a cinco vezes por semana. O que não constituía problema; esses ocorriam muito mais quanto às interpretações, quanto à não-interpretação da transferência, à liquidação da transferência do que quanto ao próprio enquadre. Mas o que mais lhes posso dizer que gostariam de saber?

RP – Tenho uma curiosidade que o sr. poderia satisfazer, já que privou tanto com Lacan, até mesmo por sua análise pessoal. Se me permite a pergunta, percebia, durante as sessões, que havia distorções do método e do enquadre da técnica propriamente dita? Como lhe foi possível encaminhar isso? Deve ter-lhe sido muito difícil, não? Dê-nos algum exemplo, se lhe for possível, de algo que ocorra.

DW – Levei algum tempo até perceber as dificuldades, as distorções enfim. Lacan era alguém ao mesmo tempo caloroso, interessado e reservado. Tinha boas atitudes durante a sessão. No fundo, durante quatro ou cinco anos, considerei que eu estava fazendo um bom trabalho, que me parecia, ao mesmo tempo, muito auto-analítico, ou analítico do *self*. Isto é, no fundo Lacan interpretava muito raramente. Mas houve realmente uma ruptura psíquica, quando vi comportamentos inaceitáveis. O primeiro ocorreu quando das minhas primeiras visitas para ser aceito para as supervisões. Ele me disse, então: "Não vale a pena explicar às pessoas que as sessões não têm todas a mesma duração, elas não compreenderiam". Nesse momento eu recebi uma mensagem perversa, foi uma ruptura externa muito clara. O segundo foi que ele fazia uso das pessoas em análise para dirigir-se a outras, por exemplo: "Você deve dizer a fulano que ele deve vir me ver", ou coisas do gênero. Pode-se dizer que foi no plano ético mais do que no clínico, talvez, que Lacan apresentava problemas. Mais tarde, graças ao meu trabalho analítico e à evolução do meu pensamento, percebi coisas que antes não percebia. Acredito, ainda, que Lacan era alguém que não suportava a situação psicanalítica, não suportava ser obrigado a receber o pensamento do outro durante certo tempo.

Na minha opinião, a grande crítica que se pode fazer aos lacanianos é a distância psíquica entre o seu pensamento e o de seus pacientes. E depois, o intelectualismo da interpretação lacaniana sobre o significante, etc., a ironia quanto à transferência, tudo isso é parte da patologia de Lacan com relação à comunicação psicanalítica.

RP – E ele escrevia trabalhos?
DW – Absolutamente. Durante muito tempo acreditei que fazia anotações, depois compreendi que... escrevia cartas. A patologia de Lacan provavelmente desempenhou um papel importante na sedução pelo lacanismo, a saber, todos que temem a comunicação íntima com o outro encontram no lacanismo um intelectualismo que permite ocultar de certo modo a pobreza da sua empatia, a pobreza do contato. Não digo que todos os alunos lacanianos fazem isso; muita gente foi se analisar com os lacanianos sem saber por que. Conheço analistas muito mais jovens do que eu, pessoas de 50, 55 anos de idade, analisados pelos meus colegas que continuaram lacanianos. São ingênuos e freqüentemente discuto com um deles. Digo-lhe: "Mas isto é Freud que...". E ele me diz: "Sim, isto foi dito por Lacan". E eu o contesto: "Mas não, foi Freud quem escreveu isto!". "Ah, eu não sabia!". Quanto aos mais jovens, eles não conhecem Freud.

Mas fiquei muito surpreso de ver, em Paris, atualmente, um movimento de grupos lacanianos que se interessam pela literatura psicanalítica internacional. Eles vêm me perguntar: "Quais os textos sobre a contratransferência? Será interessante para a regra?". Também um grupo lacaniano pediu-me, para o ano próximo, conferências sobre a empatia. Ora, durante anos fomos objeto de ostracismo, isto é, os lacanianos não tinham o direito de falar conosco, éramos os Brutus, parricidas, havíamos matado, éramos objeto de uma proibição, de um imperativo total. Muitos dos meus jovens colegas que trabalhavam comigo no hospital, após essa ruptura, pararam de falar comigo, pois lhes era proibido. Agora as coisas mudaram muito, vejo uma evolução em certos lacanianos, provavelmente os intelectualmente mais honestos e os mais clínicos.

Porque, no fundo, eles não escolheram o lacanismo, foram educados nesse meio e, pouco a pouco, sentem os seus limites. Portanto, em tese, há uma evolução. Mas há um grupo, que continua, de gente extremamente rígida no sentido da doutrina lacaniana; são eles que exercem grande influência na América Latina; são eles que mantêm o lacanismo. Mas há muitos que se separaram e se reaproximam, assim tenho colegas que me pediram para ir ao Congresso de Barcelona. E se trata de algo sincero, desejam conhecer, compreender, ver a diferença, o que é muito interessante. Conto-lhes isso, porque não creio que já tenham esse tipo de movimento aqui, mas poderá vir um dia.

RP – Poderia falar um pouco sobre algo que foi abordado aqui, a terceira ruptura do grupo?
DW – Eu a conheço menos. No início, Piera Aulagnier estava conosco, com Laplanche e outros que, como nós, tinham decidido dirigir-se à IPA, dizer que não estávamos sós em relação a Lacan. Mas um dia ela nos disse: "Eu não posso ficar com vocês, não posso fazer isso a Lacan, vocês vão matá-lo. Sou uma mulher, não posso fazer isso"(risos).

Mas esse grupo, após dois, três anos com Lacan, fez seu próprio caminho: simplesmente não foram à IPA. Por quê? Creio que conservaram do lacanismo uma concepção da formação como muito livre, muito pouco avaliada. Voltaram, porém, a concepções teóricas muito mais clássicas. Aliás, não é segredo para ninguém que, no fim de sua vida, Piera Aulagnier se aproximou muito da IPA e que se imaginava que ela pudesse, individualmente, pedir sua candidatura. Quanto ao quarto grupo, eles vêm às nossas conferências e nós vamos às deles. O ponto que nos separa é a formação: nossa associação confere extrema importância à avaliação do candidato em diferentes etapas. Houve, pois, uma evolução no nosso grupo desde a ruptura, nem sempre no bom sentido, na minha opinião.

Falemos agora do problema da extraterritorialidade. Foi, realmente, bastante estranho que certas pessoas que tinham sido grandemente influenciadas por Lacan tenham sido aceitas pela IPA, sem que essa se ocupasse de saber se tinham retomado suas análises pessoais com outra pessoa.. É claro que tivemos numerosas conversas com Paula Heimann, Ilse Hellman e Turquet, que queriam nos avaliar.

Nosso Sponsoring Committee compreendia Paula Heimann, Ilse Hellman, muito próxima de Anna Freud, Van Der Leeuw, de Amsterdã, depois presidente da IPA, Wilhelm Solms, de Viena. Eram todos francófonos. Eles confiaram em nós; aliás, tínhamos uma concepção de formação muito próxima, que era realmente a da IPA. Não havia problemas quanto a isso, mas nossa evolução pessoal não foi a mesma. Laplanche, com outros, desenvolveu a idéia de que, afinal de contas, a psicanálise didática, a *training analysis*, era uma psicanálise como outra qualquer e que, para se permitir ao candidato engajar-se mais, a título pessoal, no trabalho analítico, era necessário que as coisas ocorressem fora da instituição psicanalítica. Para Laplanche, o fato de se aceitar um candidato antes do início da psicanálise era já dizer-lhe que ele poderia ser psicanalista antes mesmo de ter feito a prova da psicanálise pessoal. A idéia, portanto, foi que se devia avaliar os candidatos após o fim da sua análise ou no decorrer dela. Na realidade, eu também fui um dos que votaram contra a reforma de Jean Laplanche. Éramos quatro ou cinco, os outros dez ou doze. Votamos contra essa reforma, porque pensávamos que o jovem psicólogo ou psiquiatra que tem o projeto de se tornar psicanalista, mesmo se a instituição não lhe dá um bilhetezinho de entrada, começa sua análise munido da idéia de que a faz para se tornar psicanalista. Ora, essa é uma realidade psíquica absolutamente incontornável, com a qual é necessário trabalhar. Irei ainda mais longe: minha experiência é que os candidatos que fazem uma análise pessoal e que não foram oficialmente aceitos, mas que têm na sua mente a idéia de que vão se tornar psicanalistas, colocam de lado a questão durante a análise. E que, finalmente, esse método, de alguma forma, esconde o projeto psicanalítico, que se torna menos analisável do que se o candidato já tivesse sido aceito. É essa a minha posição, eu sempre a defendi com meu amigo Jean Laplanche. Enfim, nós não concordamos, mas essa é a minha experiência de analista. Vê-se que a dificuldade que apresenta, pois, essa lição de análise pessoal extraterritorial, na minha opinião, é um princípio bastante idealista, mas isso depende da realidade psíquica. (Isto não foi nada psicológico). Na realidade, vê-se o contrário, os candidatos que ainda não são candidatos não falam do projeto, mas ele está lá, contudo. Então dizem: "Oh, vou ver se apresento minha candidatura, tenho que continuar minha análise pessoal...". E nós dizemos: "Fale disto, de sua candidatura, você tem fantasias sobre isso, sobre esse pedido, sobre os psicanalistas." Silenciam, porém, visto ainda não terem apresentado o pedido, que se torna impossível de analisar. Assim tenho opinião exatamente contrária à de Jean Laplanche sobre os efeitos da extraterritorialidade.

RP – Quanto aos riscos de idealização da análise didática, diz-se que se faz uma análise diferente das outras e com os melhores, os grandes, portanto os didatas. É mesmo uma análise diferente, melhor?

DW – O que eu quero dizer é que não há apenas vantagens, há também inconvenientes na extraterritorialidade. Você tem razão. Há uma desidealização da situação, pelo fato de que as pessoas ainda não são grandes analistas didatas. Mas não digo que sou radicalmente contra a teoria de Laplanche. Digo que ela apresenta vantagens e também inconvenientes. Eu a aceito há vinte e cinco anos, desde 1969. O outro problema da extraterritorialidade, que parece muito mais inquietante, não é dizer que a análise pessoal deve ser começada com toda a liberdade, é dizer que pouco importa quem praticou a análise pessoal. Isto é, não há problema em se saber se um candidato foi analisado por X ou Y, toma-se o mesmo e se o julga pelo que ele é. Se, de tempos em tempos, encontramos candidatos que foram analisados por outra pessoa que não um membro da nossa sociedade, por exemplo, alguém que achamos muito bom, que fez uma boa análise, que fala bem dela, nós o escolhemos, nós o aceitamos. Com isso eu estou de acordo. É bom ter-se uma cláusula de liberdade. Mas isso não deve tornar-se regra.

Hoje em dia, porém, vejo que um número excessivo de candidatos da nossa sociedade não foi analisado por nós e o que eu temo, para o futuro, é que ocorra uma ruptura, no sentido que eu conheço. Creio que a função de uma sociedade psicanalítica é, afinal de contas, psicanalisar o futuro psicanalista, transmitir a psicanálise pela própria análise. Se um número excessivo de futuros psicanalistas é analisado fora da instituição, há um tipo de função psicanalisante da instituição que não é respeitada. Esse movimento, nós o observamos na Sociedade agora, quando há, cada vez mais, a tendência a voltar à idéia de que a psicanálise é pessoal e deve manter-se fora da instituição. Mas ela deveria ser realizada pelos analistas da instituição.

RP -- Didatas ou não.
DW -- É isso. Mas analistas da instituição que transmitem a análise pela análise. E é essa a discussão que tive com Jean Laplanche, que não sente do mesmo modo.

RP -- Como ficam as análises didáticas nessas condições?
DW -- Desde que o candidato é admitido à formação, ou seja, é admitido, ao mesmo tempo, ao ensino e à supervisão, se há adaptação, o que é outro problema, ele começa a supervisão. Nesse caso, a instituição desempenha seu papel de avaliação de cada etapa, de uma maneira muito intensiva. Isto é, temos uma avaliação muito séria antes da admissão, após a primeira supervisão, após a segunda e, finalmente, uma supervisão final sobre o conjunto dos casos. Portanto há quatro avaliações antes que o candidato termine sua formação. Temos coisas muito boas, por exemplo, o fato de os candidatos serem, eles mesmos, interrogados pelos membros, para prestarem contas de sua supervisão. Ouve-se o supervisor e ouve-se o candidato, uma hora com um e uma hora com outro e depois os três relatores fazem um relatório à Comissão. Portanto, é errado dizer que não temos avaliação. Acredito que, em alguns países, as pessoas se queixam da tradição francesa sobre essa questão. É errado, temos uma avaliação excelente, muito séria. O único ponto é que essa avaliação deixa livre a análise pessoal prévia.

RP – E os supervisores podem estar fora da instituição, também, como os americanos?
DW – É um grupo, nós somos os supervisores, eleitos pelos colegas. Não se os chama mais de didatas, são os titulares. São eles que escolhemos por voto.

RP – É mais importante o papel do supervisor quando o aluno é de fora da instituição do que quando a análise didática é com alguém da instituição?
DW – É um ponto com o qual temos dificuldades. Creio que, na filosofia da nossa formação, é certo que o supervisor desempenhe um papel importante, pois é ele que vai fazer com que o candidato entre na instituição. Na prática, vejo com bons olhos supervisionar pessoas que foram analisadas fora, por outros colegas. Não costumo encontrar diferenças muito significativas, quando são pessoas que foram bem analisadas.

RP – Após toda a supervisão e avaliação, é necessário apresentar um trabalho para ser membro?
DW – Uma vez que a formação foi validada, com a quarta avaliação, o candidato pode apresentar a candidatura à Sociedade. Cabe, então, ao Conselho Executivo da Sociedade, que sabe que o candidato teve o seu curso validado, lhe dizer que deve apresentar um trabalho. Esse trabalho será lido por todos os membros, haverá uma votação, um relator e três outros que entrevistarão o candidato e farão um relatório. O trabalho terá sido, em princípio, lido por todos, mas eles farão um relatório, e sua opinião será ouvida e discutida pelos membros reunidos.

Mas ainda há a comentar o problema da psicanálise na Universidade. Às vezes digo que, se formos longe demais quanto às psicanálises pessoais dos futuros candidatos serem realizadas fora da instituição, nos arriscamos a nos tornar cada vez mais um tipo de estabelecimento universitário pós-graduado, e a parte clínica não seria mais totalmente feita na nossa associação. Então isso levanta problemas da psicanálise na Universidade.

Na França, temos uma presença muito forte da psicanálise na Universidade. O campo do ensino da psicologia, da psicologia clínica encontra-se, predominantemente, nas mãos dos psicanalistas. Ocorre, então, uma cena falsa, de certa forma, pois se eles têm as referências teóricas, e acredito que isso é, até certo ponto, uma pena, vai ocorrer forçosamente uma reação, porque os outros psicólogos são extremamente agressivos contra o poder dos psicanalistas sobre os psicólogos clínicos.

Creio que seria necessária uma abertura muito grande. Sabemos o que é a neuropsicologia, a reeducação da linguagem, por exemplo, e que nem tudo passa pela psicanálise ou pela psicologia. Na psiquiatria nunca ocorre essa situação. Fui, provavelmente, um dos primeiros a aceitar um lugar na Universidade. Quando era residente e já estava em análise, meus colegas me diziam: "Acima de tudo, não conta isso aos nossos professores, porque eles vão te mandar embora". Na realidade, nunca ocultei que estava em psicanálise e não fui mandado embora e, até mesmo, me pediram que desse psicoterapia pediátrica bastante cedo, em 1955, 56. Portanto, fui sempre ativamente estimulado à formação. Penso que o problema atualmente não é tanto, pelo menos na França, que haveria hostilidade na Universidade contra a psicanálise. Os meus colegas que não são psicanalistas não são contra a psicanálise. O que há é que os estudantes estão cada vez menos interessados na psicanálise, e isso é um problema muito mais sério.

RP – Estudantes de medicina?
DW – Sim, estou falando dos estudantes de medicina, de psiquiatria; e me pergunto por que as novas gerações se interessam menos que as outras. Sempre ministro o mesmo curso, o mesmo trabalho. As pessoas são muito bem-educadas, vêm ouvir-me, mas ninguém vem falar comigo dizendo: "É isso, professor, eu gostaria de ser psicanalista". Ora, há dez ou quinze anos, me procuravam, falavam com meus colegas; havia um movimento que eu vi se desgastar. Então, eu me digo: "Eu não mudei". É verdade, faço psiquiatria, trato de medicamentos, faço pesquisas em todas as áreas, mas a minha mensagem

psicanalítica é sempre a mesma, é sempre forte. Por que será que os estudantes estão cada vez menos interessados? E aí vejo coisas que me assustam um pouco. Quando lhes faço perguntas, tenho a sensação de que, para eles, a psicanálise faz parte da cultura. Então eles vêm assistir a conferências de psicanálise como vinham assistir a conferências sobre a química do cérebro, a genética. Faz parte da cultura geral, mas fazê-los sentir que é extraordinária e extremamente interessante a comunicação com alguém no campo da psicanálise, essa é uma dimensão cada vez mais difícil de passar. Acredito que isso ocorre pelo fato de que eles foram ensinados a serem muito eficazes com medicamentos e com prescrições de psicoterapia.

Acredito que também foram ensinados em excesso que se podia fazer igualmente bem a psicanálise com psicoterapias vagamente inspiradas na psicanálise. Quero apresentar dois fatos: uma enquete recente perguntou a psiquiatras de certa região da França: "Você pratica a psiquiatria psicanalítica? Oitenta por cento dos psiquiatras responderam que sim. Ora, nem vinte por cento deles fizeram formação psicanalítica. Portanto, as pessoas talvez façam um pouquinho de análise em algum lugar e dizem: "Eu não quero entrar nas instituições. Na minha opinião, as instituições não servem muito...".

E eles se autorizam por eles mesmos. Nisso, devemos reconhecer que o lacanismo desempenhou um papel importante, impulsionou esse movimento. Apenas a própria pessoa se autoriza no movimento lacaniano. Os jovens psiquiatras fazem psicoterapia e chamam isso de psicoterapias psicanalíticas, porque leram um pouco, porque puderam fazer uma fatiazinha de análise, porque fizeram uma psicoterapia com um psicanalista. Um segundo exemplo: vejo os meus alunos, que não foram psicanalisados, que não são psicanalistas e que não têm a maneira de pensar psicanalítica. Mas o que pensam, em que ponto está essa pessoa em psicoterapia? São pessoas inteligentes, abertas, com idéias. Isso, porém, não tem nada a ver com a psicanálise. E então tenho a impressão de que isso é um problema, que os estudantes se dizem: "Bah... farei psicoterapia, depois disso, bem... até que gostaria de fazer psicanálise." A psicanálise tornou-se algo que pertence excessivamente ao campo das coisas comuns, é excessivamente idealizada, e eles não vêem o essencial. Acredito que duas questões se colocam para o futuro: como fazer sentir às nossas jovens gerações que a psicanálise veicula alguma coisa de absolutamente singular na comunicação de um espírito para outro espírito e como fazer sentir isso na Universidade, nos hospitais, pois, se não tivermos mais esses jovens, não teremos mais entre nós jovens filósofos, ou jovens jornalistas.

RP – Então o senhor acha que a psiquiatria oferece um caminho que pode parecer psicanalítico?

DW – Eu considero muito perigosas as associações de psicoterapia psicanalítica. Não é uma coisa simpática de dizer. Tive contatos no Canadá e em outros lugares e tenho medo, porque se vai ter uma psicanálise de segunda zona. Eu sou pela formação dos psicoterapeutas, mas não de psicanalistas e, ainda por cima, por pessoas que foram bem formadas na psicanálise. Isso é um verdadeiro problema. O segundo problema é fazer com que voltem para nós os médicos jovens; para levá-los a desejarem a psicanálise, a se interessarem realmente pela psicanálise, é necessário lhes mostrar que o quadro singular da comunicação não é simplesmente escutar alguém e que existe outro trabalho.

Ora, eu gostaria de contar ainda uma história. Há alguns dias, fiz uma apresentação aos residentes. Era a primeira sessão de uma disciplina de um ano de duração, sobre a psicanálise. Para ministrá-la, preparei uma sessão com interpretações. Depois pedi que se manifestassem: "O que dizem?". Após muitas inibições, conseguiram falar, e o que me disseram é interessante: "Por que o senhor falou? Deveria tê-lo deixado fazer o trabalho ele mesmo, o seu paciente."

E é interessante, porque no fundo, eu me disse, eis o que eles fazem. Deve-se transmitir a interpretação, isso existe. Para voltar à questão, acredito que outra coisa importante é que, às vezes, na Universidade e também entre nossos colegas, há a sensação de que a psicanálise não progride, que está fixada para todo o sempre. Então, creio, seria necessário transmitir a idéia de que a psicanálise está sempre pesquisando. Talvez, se se trata de uma Universidade, seria necessário que se mostrasse que nos interessamos também pela pesquisa, não pesquisas sobre a psicanálise propriamente dita, mas sobre as psicoterapias, as indicações, as avaliações, pois penso que a noção de pesquisa é cada vez mais popular e importante nas Universidades. Essas são centradas na pesquisa, querem desenvolvê-la, e devemos mostrar que podemos também ajudar nesse sentido.

RP – Prof. Widlöcher, estamos em cima da hora, queríamos agradecer-lhe a atenção que teve conosco. Foi muito interessante e agradável, especialmente vimos que a França vive uma situação muito próxima à nossa, que não é local, é mundial em relação à ciência da psicanálise. Muito obrigado.

Transcrição e tradução: Hedy Hofmann
1ª revisão técnica: Ruggero Levy
2ª revisão técnica: Matias Strassburger

© *Revista de Psicanálise – SPPA*

Hanna Segal

Hanna Segal nasceu na Polônia, em 1918. Fez formação médica e analítica na Grã-Bretanha, tornando-se um membro particularmente importante do grupo kleiniano. É analista didata da British Psychoanalytical Society e foi, por duas vezes, vice-presidente da International Psychoanalytical Association (IPA). É creditada a ela a primeira análise de um esquizofrênico hospitalizado, utilizando uma técnica psicanalítica sem maiores modificações. Teve um papel ativo na divulgação das concepções kleinianas, redigindo resumos didáticos das idéias de Melanie Klein. Suas significativas contribuições abrangem aspectos técnicos e teóricos: a fantasia inconsciente, psicose e mecanismos psicóticos, a relevância clínica da pulsão de morte e a formação simbólica. Estendeu aplicações das idéias psicanalíticas a diversos campos, notadamente à estética, política e literatura. Nos últimos anos interessou-se pelas questões relativas aos perigos dos armamentos nucleares. Seus livros incluem os seguintes títulos: *Introdução à obra de Melanie Klein* (1964), *Klein* (1979), *A obra de Hanna Segal* (1981), *Sonho, Fantasia e Arte* (1991) e *Psicanálise, Literatura e Guerra* (1997).

Esta entrevista foi concedida, em São Paulo, em 21/4/1998, a Raul Hartke, Elizabeth Lima da Rocha Barros e Elias Mallet da Rocha Barros.

RP – Gostaríamos que a sra. nos falasse um pouco sobre a sua formação analítica, mais particularmente sobre sua análise, convívio e colaboração com Melanie Klein.

HS – Desde a minha adolescência, me interessei em tornar-me uma analista. Era, porém, difícil descobrir como fazê-lo. Na Polônia me disseram que eu deveria ir para Viena, o que eu não queria. Informei-me em Paris, durante a guerra, mas não havia ninguém para me responder. Finalmente, chegando em Edimburgo, Ronald Fairbairn, que era analista nessa cidade, me contou sobre o instituto. Eu era estudante de medicina, e ele me disse que havia um instituto oficial, em Londres, que dava a formação adequada. Ele também me contou, rapidamente, que havia essa divisão entre Anna Freud e Melanie Klein. Naquela época eu lia muito sobre Freud e algo de literatura francesa, principalmente literatura propriamente dita, mas nunca havia ouvido a respeito de Anna Freud ou de Melanie Klein. Ele me deu dois livros: *O Ego e os Mecanismos de Defesa*, de Anna Freud, e *A Psicanálise da Criança*, da Sra. Klein. Houve, então, uma escolha muito fácil para mim: Anna Freud parecia muito seca e acadêmica, nem de longe tão estimulante quanto Freud; quanto a Melanie Klein, eu percebi que ela abria todo um mundo novo. Então fui a Londres e insisti demais para ter a sra. Klein como analista.

RP – A sra. é vista como uma figura central na escola kleiniana. Desde seu abalizado ponto de vista, quais são, na atualidade, as questões teóricas e técnicas que estão no centro das preocupações e reflexões kleinianas? Algumas dessas questões lhe interessariam particularmente?

HS – Considero que as preocupações contemporâneas se centram em torno do desenvolvimento de dois conceitos de Klein: a identificação projetiva e o complexo de Édipo precoce. Do ponto de vista da teoria e da técnica, há muitas mudanças que são relevantes para a técnica, relacionadas ao nosso trabalho sobre simbolismo. Penso que o primeiro passo nessa direção foi dado por mim, na introdução do meu trabalho sobre sintomas psicóticos, em que me refiro à diferenciação entre o simbolismo concreto e o simbolismo comunicativo, depressivo. Introduzi a diferenciação entre o símbolo que é experienciado como se fosse o objeto original, e o símbolo que é um método de simbolização, abstração e comunicação. No meu artigo inicial, dou o exemplo de um paciente que diz que não vai tocar violino porque não vai se masturbar em público e de outro para o qual o violino representava o pênis, porém não era o pênis, então ele podia usá-lo. Isso chamou minha atenção para o nível de comunicação e como abordá-lo. Por exemplo, eu não poderia interpretar para o meu paciente sua ansiedade de castração, porque, para ele, isso seria um ataque castratório e ele correria para fora da sala. Esse tipo de concretização aparece, na sintomatologia neurótica, de forma muito mais discreta. Uma pessoa tratar o seu braço como se fosse seu pênis seria, de fato, um pouco de loucura.

O próximo passo, muito importante, foi o conceito de Bion de conteúdo e continente. Eu utilizei o conceito de identificação projetiva, de Klein, para explicar a concretização, porque, para a formação de símbolos, é necessário ver as partes: o sujeito, o objeto e o símbolo. Se a parte do sujeito se identifica com a parte do objeto, então a cisão desaparece, já que o símbolo, que é uma função do ego, é vivenciado como parte do objeto na realidade. Eu o usei como exemplo da fantasia inconsciente.

Bion, por sua vez, expandiu o conceito de identificação projetiva para incluir a reação do objeto à projeção. Resumindo sua maneira de ver, para Bion, o método mais primitivo de comunicação é a criança projetando para dentro da mãe, sem a intenção de comunicar nada, mas tão somente jogando para a mãe algo que, em sua mente, é muito concreto. Ao gritar, a criança livra-se da dor e dá a sua mãe uma dor de ouvido, o que Bion chama de elementos b. A mãe, porém, ao entender a criança, converte isso em outra coisa, que ele chama de elementos a. Por exemplo, se a mãe compreende que a criança está com fome: a criança não sabe, ela sente a dor e deseja gritar, mas a mãe compreende seus gritos e lhe dá comida. Assim, a não-comunicação da criança é transformada numa comunicação entre ela e a mãe, e esses são os elementos a. Os elementos a são parte da simbolização, e os elementos b, como eu descrevi, tornam-se parte da simbolização concreta.

Mas o acréscimo importante, tecnicamente, é que isso introduz o papel do ambiente. Diz-se, comumente, que Klein ignora o ambiente, o que não é verdade. Ela sempre, eu o sei a partir da minha própria análise, levou muito a sério e sempre enfocou o processamento de padrões valiosos como o que se mencionou. Mas a idéia de Bion mostra o mecanismo exato na infância precoce, o que é o bom funcionamento e o que é o mau funcionamento, que o papel original da mãe é o de traduzir para a criança o que ela projeta. E é claro que isso teve uma enorme influência na técnica, na medida em que se toma um grande cuidado para saber em que nível os elementos são projetados e como são projetados. Mas também levar em conta uma mãe é muito difícil, é difícil saber quando se trata de uma falha do objeto e quando se trata de uma falha da criança. Quando as pessoas se entusiasmaram com Bion, havia uma tendência a colocar tudo na mãe má. Como se fosse uma mãe como a de Winnicott, o que ela não era. Bion torna muito claro que essa comunicação pode dar errado porque a mãe falha em fazê-lo, e a criança recebe de volta algo não assimilado e não digerido, ou por causa da criança, da sua inveja e incapacidade de tolerar que a mãe tenha feito algo para ela que ela mesma (a criança) não poderia fazer. Muita discussão a respeito de técnica, atualmente, tem a ver com a contratransferência: não somente em relação a como era entre a criança e sua mãe, mas tomando muito em conta que o que o paciente faz afeta mesmo a mente do analista e que este deve ser capaz de detectar isso e saber o que é seu e o que foi projetado para dentro dele. Essa é uma área na qual Betty Joseph se tornou muito proeminente, exatamente por detalhar essa interação.

RP – Em seus livros sobre Melanie Klein, Petot considera que, após 52, Klein cada vez mais situou as bases de todo o desenvolvimento psíquico na relação inicial do bebê com o seio materno e considerou que a evolução desta relação dependeria, em última instância, do balanço inato das pulsões de vida e de morte. Para muitos analistas, isso levaria a uma concepção solipsista e instintivista do desenvolvimento. O que pensa a sra.?

HS – Eu penso que Jean Michel Petot está tanto certo quanto errado. Ele está absolutamente enganado em pensar que Klein se ocupa principalmente com a interação entre o bebê e a mãe e não dá um lugar central ao complexo de Édipo. Ela deixa bem claro que resolver a posição depressiva também é resolver o complexo de Édipo. Para a criança aceitar a mãe como objeto total, não narcisisticamente possuído, ela deve reconhecer a existência do pai, defrontar-se com a situação edípica primitiva e ter de, desde o início, reconhecer a diferença de gênero e a diferença de tamanho. Ou seja, reconhecer que existem relações com a mãe que ela não pode ter, o que a introduz na importância da genitalidade.

E também, como eu disse, esse desenvolvimento é, de duas maneiras, o desenvolvimento de todos os tipos de simbolismo e de todos os tipos de complexo de Édipo observáveis. Eu escrevi recentemente um artigo, não publicado, sobre a interação entre o complexo de Édipo e os processos de simbolização. Está bem claro que, para que esses ocorram, deve haver uma situação depressiva, não uma situação esquizofrênica, e isso inclui o pai e a genitalidade. E, de fato, é uma função paterna muito importante para proteger mãe e criança de identificações projetivas mútuas. Ron Britton, numa entrevista, expandiu as idéias de Bion sobre o continente, que se refere basicamente a uma relação dual, relacionando-o com a triangulação edípica. Evidenciou a importância do terceiro, no continente, para que haja uma elasticidade na relação mãe-filho, pai-filho e mãe-pai, sempre com um deixado de fora. A criança, então, deve ser capaz de se visualizar, bem como suas fantasias sobre os pais. Assim, os processos de simbolização e o complexo de Édipo precoce estão ligados. Atualmente vemos muita patologia do complexo de Édipo precoce, que se torna um tipo de patologia do funcionamento simbólico. Então, em relação à primeira afirmação de Petot, penso que não, o complexo de Édipo tem tanta importância hoje quanto sempre teve.

Em relação à segunda questão, sobre a concepção instintivista do desenvolvimento, meu trabalho sobre simbolismo é muito "não instintivista", porque se trata sempre de uma relação de objeto e tende a ver com relacionamento e percepção. Porém eu considero muito a fantasia do paciente, muito mais do que sua reação, o que ele possa ter vivenciado, digamos. Estendendo a Bion, torna-se muito mais algo dentro da interação. Entretanto nós ainda pensamos, pelo menos eu penso, que o conflito básico se dá entre os instintos de vida e de morte, mas parte da elaboração desse conflito está na projeção e elaboração do objeto edípico. Assim, não se trata somente de um equilíbrio entre os instintos de vida e de morte, mas da maneira como a criança e o ambiente interagem, de forma que o instinto de morte possa ser integrado e que o instinto de vida possa predominar. É verdade que Klein é fiel à teoria dos instintos, no sentido de que é inquestionável que o ego tem impulsos e instintos, e ela nunca pensou que tudo é o ambiente. Por outro lado, a teoria objetal também deve ser importante, a interação com o objeto e com a vida do objeto.

RP – Tradicionalmente conhecemos a Sociedade Britânica de Psicanálise como uma instituição que alberga três grupos diferentes de psicanalistas: os kleinianos, os freudianos e o chamado middle group. Que pontos de convergência e de divergência existiriam entre esses grupos atualmente? Em outras palavras, como estão as "discussões controversas" cinqüenta e quatro anos depois, segundo seu ponto de vista?

HS – Em primeiro lugar, os nomes mudaram. Os freudianos intitulam-se agora "freudianos contemporâneos" e os do *middle group* se chamam "independentes". Acho que as diferenças não estão realmente entre os grupos freudianos contemporâneos e kleinianos, ou entre esses e os independentes, não estão entre os grupos. Por exemplo, há aspectos, no que diz respeito à técnica ativa, nos quais os kleinianos e a maioria dos freudianos contemporâneos estão mais de acordo do que uma parte dos independentes. Há uma corrente que vem de Ferenczi, Balint e Winnicott, em que o analista tem de se tornar o bom objeto e fazer coisas pelo paciente, ser muito ativo. Winnicott costumava acomodar os pacientes com suas cobertas e alimentá-los nas consultas, enquanto a atitude freudiana clássica é que o papel do analista é o de interpretar os anseios, desejos e fantasias e que isso é suficiente. Então, seguidamente percebemos que esses grupos, em sua maioria, parte do grupo freudiano, todos os kleininanos, com a exceção de Meltzer (que ainda está próximo aos kleinianos, mas é muito ativo), todos concordam com esses princípios da técnica. Porém, entre os independentes, alguns concordam conosco e outros com os freudianos e com os não-freudianos, como Ferenczi, Winnicott e seu sucessor Masud Kahn, etc. Por outro lado, há, entre todos os grupos, muito mais assuntos em que domina o comum acordo. A propósito, embora possam discordar de mim, comum acordo mais à maneira kleiniana... Aceita-se, agora, que Anna Freud era muito mais didática e que considerava que há um tempo preliminar em que é necessário educar a criança. Acredito que nenhum freudiano contemporâneo, exceto talvez alguém que se autointitule um dinossauro, faça isso. Eles estão muito mais próximos da técnica que Klein originalmente defendia. E nós temos o conceito da identificação projetiva, que é muito amplamente aceito. Assim, não temos o tipo de controvérsias daquela época. Penso que os temas controversos mudaram muito. Por exemplo, imagino que ninguém, hoje em dia, questiona que haja relações objetais desde o início, até mesmo os neurofisiologistas acreditam nisto. Então, não é tão claro como antes. Em geral, temos discussões muito boas. As diferenças, às vezes, tendem a ser ocultadas para manter-se o acordo.

RP – Os analistas lêem com considerável freqüência os Selected Papers de Joseph Sandler, principalmente a respeito do inconsciente passado e o inconsciente contemporâneo e também seus artigos sobre identificação projetiva, nos quais ele concorda com a maioria do que os kleinianos pensam, mas discorda de Bion. Ele concorda com a idéia de que a identificação projetiva é uma fantasia, mas não com a idéia de que a identificação projetiva seja um processo de comunicação. O que a sra. pensa sobre isso?

HS – Tive muitas discussões com Joseph Sandler a esse respeito. A diferença teórica pode não ser muito grande, mas a diferença técnica, sim. Tenho falado, em um simpósio e também em outras contribuições, sobre fantasia. Falei de fantasias arcaicas, que são, na realidade, a base da personalidade. Penso que Richard Volkan as chama, eu não me lembro, "fantasia algo", enquanto a outra ele chama "fantasia ocasional". Considero que a "fantasia ocasional", que é a que perturba todas as relações atuais, possa ser analisada e levada à fantasia arcaica.

E isso é muito importante, porque está no nível básico da personalidade. Eu sugeri a Joe que o seu inconsciente contemporâneo e o seu inconsciente passado poderiam corresponder a essa divisão. Ele, no entanto, não concordou comigo, disse ser algo bem diferente. Tecnicamente, entretanto, essas diferenças são muito importantes. Tecnicamente, ele considera que somente podemos analisar as fantasias contemporâneas e nunca podemos chegar no arcaico.

A nossa concepção é que as fantasias contemporâneas são ancoradas nas fantasias arcaicas. É verdade que somente podemos abordá-las por intermédio desses níveis que estejam acessíveis, mas acreditamos que as fantasias arcaicas sejam analisáveis. Suas interpretações, então, sempre se darão em um nível. Ele está mais interessado no pré-consciente e vem trabalhando no pré-consciente. Nós também estamos interessados no pré-consciente, porém pensamos que o efeito constantemente flui do arcaico por meio do simbolizado, eventualmente para o verbalizado. Eu não tenho certeza de como Mary Sandler trabalha, mas tenho certeza de que Joseph Sandler não atua nesses níveis. Essa é uma diferença técnica. Ele é um tipo de integrador melhor do que eu.

Fui apresentada a Bion e falei sobre isto rapidamente. Bion, como pessoa, tinha um contato difícil, impressionava muito. Eu estava dois anos à sua frente e, quando era membro associado, participei de um seminário clínico no qual ele também se encontrava. Ele dominava a coisa, para mim, intelectualmente. Falava pouco, mas o que dizia ficou dentro de mim por anos. Não me lembro, neste momento, do que se tratava, mas tinha uma personalidade muito marcante, muito interessante. Não era nada fácil, eu não me casaria com ele, mas gostava dele... Trabalhamos muito juntos, trocamos idéias, e ele naturalmente expressou seus pontos de vista a respeito do meu trabalho sobre simbolismo.

Eu tinha um enorme respeito por Bion como pensador e penso que suas teorias do pensamento, todo o seu trabalho sobre o continente e o conteúdo, os ataques ao vínculo, são de valor inestimável. Sobre o último Bion eu não posso dizer muito, exceto que, para mim, soa muito mais místico e isolado do trabalho clínico. Percebi que há muitas pessoas que se lançam sobre esse Bion, usando sua chocante expressão nisto ou naquilo, o místico, o grupo, ou coisas desse tipo, o que, na verdade, não compreende o trabalho analítico real, genuíno que ele fez. Já que falamos nisso, eu me impressionei tanto com certos aspectos de seu trabalho com grupos que os utilizei muito no meu entendimento das coisas políticas. O que Bion passou a representar, em Los Angeles e no Brasil, não corresponde bem àquele de quem eu gostava. Parece-me que ele se tornou mais um guru e menos alguém que oferece evolução. Sei que muitos dizem que eu não compreendo a grandeza do último Bion, talvez tenham razão.

RP – Quando a sra. menciona Los Angeles, Robert Caper é uma exceção...

HS – Sim, Bob Caper é meu "neto analítico", ele foi analisando do meu analisando, Albert Mason. Albert Mason foi para Los Angeles, em parte, porque queria apoiar Bion. Mas, na realidade, o novo Bion de Los Angeles tornou a posição de Albert Mason muito difícil. Caper é uma pessoa formidável. Estava em análise com Albert Mason na época em que os americanos não se importavam em tornar Mason um analista didata. Desta forma ele foi muito pressionado, pois era o candidato ideal: homem, médico e psiquiatra. Ambas as Sociedades queriam muito que ele se inscrevesse, mas ele não fez aquela formação. Começou com Mason e, quando os americanos perderam o monopólio da formação analítica e novos grupos foram abertos, ele rapidamente se tornou analista didata.

RP – Como a sra. vê a situação atual da psicanálise na Inglaterra, como profissão e no que diz respeito às relações com as comunidades científicas e culturais? Em seu modo de ver, quais os desafios mais importantes para a psicanálise como ciência e como prática nesta virada do século?

HS – Estamos vivendo uma época muito difícil, que vai no sentido contrário, em que há um ataque real aos aspectos da mente. Tudo tem de ser em curto prazo, os resultados devem ser rápidos, deve-se fazer muito dinheiro... É uma cultura muito orientada pelo instinto de morte. Esse tipo de ganância, inveja, competição e rapidez leva, de fato, à destruição do planeta e de tudo mais. Eu posso estar exagerando, mas você percebe esse ataque, particularmente, vivendo na Inglaterra: investe-se pouco em educação, em saúde mental, em tudo. Hospitais e escolas são julgados pelos resultados dos exames, não pelo que fazem realmente pela comunidade. Em relação aos hospitais, agora, há algo como uma política do serviço nacional de saúde pública, pela qual levam os hospitais a competirem, de forma que receberá mais auxílio aquele que oferecer o tratamento mais barato.

Assim, creio que há toda uma atmosfera má na cultura, que está muito mudada desde os anos cinqüentas. Tenho certeza de que essas coisas ocorrem por fases. Há uma enorme pressão, na área da saúde mental, para soluções rápidas como o Prozac. O mesmo acontece com a análise que, de alguma maneira, se tornou popular demais, chegando a um ponto de diluição que a transforma num *self-service*, como ocorre em lugares dos Estados Unidos. Em alguns países, ficou muito isolada numa torre de marfim, como ocorria claramente na Argentina. Na época em que eu estive lá, alguns analistas não podiam manter uma cópia do material de seus pacientes por causa da situação política.

A situação de reação e contra-reação é muito difícil. Penso, como um colega mais jovem que esteve numa dessas situações, que nesses momentos o que parece importante é preservar as idéias. Trata-se sempre do mesmo desafio: manter, continuar o nosso trabalho científico. E o trabalho científico está ligado a não fazer coisas para a obtenção de resultados rápidos, por fama, por dinheiro, mas para de fato descobrir coisas novas e em relação aos outros, tratar nossos pacientes como seres humanos. Esses são os serviços que deveríamos prestar e não o das estatísticas. De alguma maneira, podemos vir a passar por tempos difíceis, mas não acho que devemos nos desencorajar. Claro que teremos de nos adaptar a certas condições, mas com muito cuidado, para não comprometer princípios e não nos comprometermos em assuntos científicos, assuntos de interesse humano.

RP – A sra. acha que poderia haver uma tendência nesse sentido, dentro do próprio movimento psicanalítico? No sentido de deixarmos de trabalhar realmente com o inconsciente, com a criatividade, com o pensar?

HS – Sim, porque sempre houve resistência à psicanálise, dentro e fora das sociedades analíticas. Não é uma tarefa fácil, mas agora há uma tendência cultural que eu penso ser muito anticriativa e antidesenvolvimento.

Tradução: Psicóloga Karina Brodski
Revisão técnica: Anette Blaya Luz, Patrícia Fabrício Lago e Viviane Mondrzak